DISCOURS DU BATONNAT

—

DÉFENSE DE FÉLIX ORSINI

—

QUATRE DISCOURS

AU CORPS LÉGISLATIF

J. Claye, imprimeur
7, rue Benoît à Paris

DISCOURS

DU BATONNAT

DÉFENSE DE FÉLIX ORSINI

QUATRE DISCOURS

PRONONCÉS

AU CORPS LÉGISLATIF DANS LA SESSION DE 1866

PAR

M. JULES-FAVRE

Ancien bâtonnier de l'ordre des Avocats près la Cour de Paris,
Député au Corps législatif.

PARIS

J. HETZEL, LIBRAIRE-EDITEUR

18, RUE JACOB, 18

1866

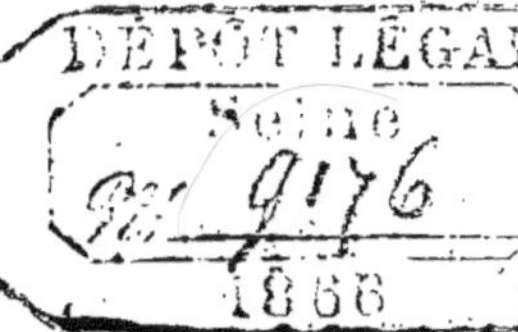

PRÉFACE

En publiant les conseils que j'ai adressés comme bâtonnier aux jeunes stagiaires dont j'ai eu l'honneur de présider les travaux, j'obéis au sentiment qui a dirigé ma vie entière : le culte de ma profession. Ce sentiment a pénétré mon esprit avec les premières lueurs de ma raison naissante, l'âge et l'expérience n'ont fait que le fortifier. L'étude et l'application du droit, le privilége de faire rendre justice à chacun et particulièrement de défendre les faibles, m'ont toujours paru et me paraissent encore le résumé des devoirs du citoyen et de la société, comme ils sont la formule de nos règles. C'est ainsi qu'au service rendu à l'intérêt privé s'associe constamment celui qui touche à la chose publique. Plus l'avocat s'en préoccupe, plus il acquiert d'indépendance et d'autorité véritables. A ce puissant attrait qu'on ajoute la douceur d'une affectueuse confraternité, les émotions, les espérances et même les craintes de la lutte, le désir ardent et la joie ineffable du succès, quand on a le bonheur de l'obtenir, et l'on se rendra compte de la passion avec laquelle notre métier peut être aimé. Ma plus grande ambition a toujours été d'être digne de l'idée que je m'en suis faite. Aussi ai-je reçu avec une reconnaissance mêlée d'effroi la récompense que la bienveillante amitié de mes confrères a bien voulu me décerner, et je me suis efforcé de la leur prouver en mettant tous mes soins à tracer la peinture de nos obligations professionnelles. Sans doute, je n'ai pu que répéter ce que mes devanciers avaient dit, ce que depuis mes honorables successeurs ont dit et diront mieux que moi. Mais je suis de ceux qui pensent que, dans la variété infinie d'expressions dont un même enseignement peut se revêtir, chaque empreinte personnelle a une valeur certaine, utile à retenir. D'ailleurs, celui qui est fortement attaché à une cause cherche toujours à prolonger l'effort par lequel il a tenté de la servir, et c'est pour lui une satisfaction intime que de croire son esprit et son cœur en communication durable avec ceux qui auront à subir les épreuves qu'il a traversées.

Cette satisfaction, qui n'est peut-être qu'une illu-

sion, j'ai voulu me la donner en offrant à mes confrères un nouvel hommage de mon amitié pour eux
et de ma préoccupation bien naturelle de nos communs devoirs.

La publication de mes discours de bâtonnier est
accompagnée de celle de ma défense de Félix Orsini
et de quatre discours que j'ai choisis parmi ceux de
la dernière session.

J'ai cru qu'il était utile de reproduire, telle qu'elle
a été prononcée, la défense d'Orsini, comme une
pièce historique, se rattachant à un crime qui, on
ne saurait le contester, n'a pas été sans influence
sur les destinées de l'Italie. Cette défense porte la
trace des sentiments violents qui m'agitaient près
de cet homme, légitimement voué à une expiation
suprême et auquel, malgré la grandeur de son forfait, on ne pouvait refuser une profonde sympathie.
Quand il m'appela pour l'assister, je demeurai tout
d'abord épouvanté, comprenant fort bien la lutte
que devaient se livrer dans mon âme ces deux im-
pulsions contraires. J'avais horreur de l'assassin,
j'admirais le patriote, et je devinais que l'ombre de
l'échafaud devait en s'approchant effacer l'un pour
transfigurer l'autre. Dans le libre et douloureux élan
de ma conscience, je n'ai pas eu d'autre dessein
que de faire la part de cette double situation, en

laissant planer au-dessus de ce drame lamentable l'intérêt supérieur des deux nations auxquelles il plaisait à Dieu de donner ce redoutable enseignement.

Qu'on me permette maintenant d'expliquer pourquoi, depuis que j'ai l'honneur d'être député, c'est la première fois que je publie des discours prononcés par moi au Corps législatif.

Deux raisons me retenaient, l'une de scrupule, l'autre de prudence.

La raison de scrupule est tirée de la constitution, aux termes de laquelle un député n'est pas le maître de sa pensée quand il l'a manifestée au sein du Corps législatif. Pour la produire de nouveau, il doit solliciter l'*exeat* de ses collègues, faute de quoi, elle reste ensevelie à perpétuité dans les catacombes du *Moniteur*, sans exhumation possible. Je ne pouvais approuver ce droit de censure placé au-dessus de l'inviolabilité législative, et je trouvais que la meilleure manière de la critiquer, c'était de préférer le silence à une publication autorisée.

L'exemple et les observations de quelques-uns de mes honorables amis m'ont fait changer de résolution plutôt que d'avis, la matière n'étant point assez grave pour dégénérer en cas de conscience.

Mais ma réserve avait une autre cause que j'ai

nommée *prudence* et que le sentiment politique seul
pouvait faire disparaître. A mon sens, les discours
doivent être entendus et non lus, si ce n'est au
moment même où ils sont prononcés, alors que
résonne encore l'écho des voûtes que leur son a
frappées. Mais quand le silence ou d'autres bruits
lui ont succédé, leur reproduction demeure avec de
tels désavantages que l'orateur ne peut souhaiter
sa divulgation. C'est qu'il est dans les nécessités de
la démonstration par la parole de se surcharger de
nombreux éléments accessoires destinés à exciter,
contenir, reposer l'auditeur, et qui par là même
fatiguent et découragent le lecteur. Ce n'est pas
seulement l'accent, le geste, l'action oratoire qui
donne à une harangue son charme et sa puissance,
c'est le courant d'une pensée commune suivi avec
art ou remonté avec hardiesse, c'est ce trouble
presque divin de l'âme auquel le frémissement involontaire de nos organes prête une expansion qui
nous transporte et nous entraîne ! Un discours est à
la fois une idée, un tableau, une harmonie, et
comme son mérite principal est la spontanéité,
c'est-à-dire la cohésion entre les substances diverses
qui composent son être moral, il se détruit en se
transformant : c'est une fleur au fond d'un herbier,
heureux encore quand, pour la découvrir, on n'est

a.

pas forcé de feuilleter plusieurs pages sur lesquelles les plantes parasites qui, sous le soleil, servaient à la faire valoir, ont seules laissé leur empreinte.

On nous cite, il est vrai, les maîtres anciens ; je crois que ceux de leurs discours qui nous sont restés ont été retouchés. Quand on compare leur petit nombre avec la multitude de ceux qui ont été prononcés, quand on lit dans les historiens la riche nomenclature des orateurs, illustres de leur temps et dont il n'est rien demeuré, on doit reconnaître que la destinée des discours est de peu se survivre à eux-mêmes. L'impression profonde qu'ils ont pu causer se transmet dans la mémoire des hommes avec le souvenir des grands événements auxquels ils s'associent ; mais comme compositions didactiques ou littéraires, ils pèchent par des conditions si essentielles que le meilleur moyen de les admirer, c'est de ne pas les relire.

Aussi me serais-je bien gardé de soumettre au jugement public les quatre discours que je ne hasarde à lui livrer, si je n'avais cru qu'un intérêt politique s'attachait à cette reproduction. Le régime actuel rend si rares les occasions de manifester librement sa pensée que ceux qui, par intervalle et avec certaines restrictions, jouissent de ce privilége, ne doivent pas craindre d'en trop user. Quand ils croient avoir mis en lumière quelques vérités utiles, il leur est permis de les répandre sans trop s'inquiéter de la forme qui les enveloppe. Ici, d'ailleurs, le député est enchaîné par la constitution. L'assentiment de ses honorables collègues indispensable pour qu'il puisse publier une œuvre qui cependant lui est toute personnelle lui impose une respectueuse servitude. L'inflexible *Moniteur* n'admet d'autre licence qu'une transcription littérale. Je veux bien supposer qu'on n'imputerait pas à crime une correction grammaticale réparant une erreur d'improvisation ou une variante de la sténographie. Mais je n'oserais conseiller un remaniement dans la construction des phrases, le sacrifice souvent si précieux des parties inutiles, l'adoucissement des tons trop vifs, la rectification d'inexactitudes patentes. Notre règlement nous concède la reproduction après autorisation, non la recomposition ou le résumé ; il nous oblige à conserver ce qui nous choque, et nous enseigne pratiquement la modestie en retenant dans notre main le voile que nous voudrions jeter sur nos défauts.

On peut, sans une témérité condamnable, regretter que la constitution ait jugé ces précautions si extraordinaires indispensables au salut de l'État ; mais il faut les subir et se résigner à ne rien chan-

ger à la rédaction officielle. Le lecteur voudra bien
tenir compte de ces exigences et s'arrêter surtout au
fond des choses sur lesquelles on appelle son attention.

J'ai choisi quatre discours qui m'ont paru toucher
directement à des intérêts généraux : trois de la
discussion de l'adresse sur Rome, l'Allemagne et les
libertés intérieures; le quatrième est emprunté au
débat de la propriété littéraire. L'importance de la
question, la mauvaise fortune qui m'a fait rencontrer mes meilleurs amis pour adversaires, l'émotion
légitime produite par leurs brillantes harangues,
enfin ma conviction profonde de m'être placé du
côté de la vérité philosophique et légale, m'ont semblé rendre opportune la publication de mon opinion
dont je regrette seulement de n'avoir pu condenser
l'expression.

Les sujets exclusivement politiques traités dans
les autres discours restent, malgré les immenses
événements qui viennent de s'accomplir, un objet
d'étude auquel nul citoyen digne de ce nom ne peut
demeurer indifférent. Quand mes honorables collègues de la majorité ont voulu entraîner le gouvernement dans une voie qui le conduisait à soutenir
par l'épée de la France le pouvoir temporel du saint-
père, j'ai dû essayer de leur démontrer qu'ils pour-

suivaient une chimère. Je crois avoir établi par des faits indiscutables que ce pouvoir depuis longtemps anéanti par ceux qui ont eu la prétention de le res-taurer, désavoué par la religion, était le seul obstacle à la régénération du christianisme et à son alliance avec le génie moderne. Le vote de la Chambre m'a été contraire. Mais j'en appelle à la loyauté de mes honorables contradicteurs qui n'ont pas jugé à pro-pos de me répondre autrement, quelle force leur a-t-il donnée? Les peuples et les souverains subis-sent-ils moins l'impulsion supérieure qui précipite un dénoûment inévitable? Ou je me fais illusion, ou leur esprit était bien près du mien quand ils m'écou-taient, et l'acte de foi qu'ils accomplissaient ne les empêchait pas de sentir, ce que le lecteur reconnaî-tra après eux, que le dernier mot venait d'être dit et qu'il n'y avait plus de place que pour la conclu-sion logique des événements.

Mon opinion sur la situation de la France vis-à-vis de l'Allemagne n'a pas, à beaucoup près, la même simplicité, et je comprends qu'après les formidables coups qui l'ont suivie, son expression ait perdu de sa valeur. Cependant ce sera un honneur pour la majorité de la Chambre d'avoir prêté l'oreille à des avertissements qui n'ont, du reste, acquis leur auto-rité véritable que lorsque la voix puissante de mon honorable collègue M. Thiers a soutenu la mienne, et d'avoir adopté un amendement signalant au pouvoir les dangers que l'ambition croissante de la Prusse faisait courir à la France et à l'Europe. Je m'en étais vivement préoccupé dans la session précédente en réclamant avec insistance une intervention diplomatique efficace en faveur de notre malheureux allié le Danemark. Aujourd'hui qui songe à ce douloureux triomphe de la force sur la faiblesse et le droit ? Les plaintes des peuples trahis sont étouffées sous les ruines de la Confédération et des monarchies renversées ou morcelées. La carte de l'Allemagne s'est refaite sans nous et contre nous. Une redoutable unité nationale et militaire s'organise et nous menace. On nous dédaigne en attendant qu'on nous brave. Nous avons une réponse à faire à ces provocations qui prouvent à quel point nos craintes étaient fondées. Il est donc utile de les rappeler telles qu'elles se produisaient avant la sanglante leçon qui les justifie, pour que chacun puisse méditer sur les nécessités impérieuses imposées à la France par la loi suprême de son propre salut.

Et c'est ici que la discussion de nos libertés intérieures, la démonstration du lien étroit qui les unit à la grandeur et à la sécurité du pays, me paraissent d'une saisissante opportunité. Jamais peut-être une heure plus solennelle ne se présenta pour une nation de se recueillir en elle-même, de se retremper dans sa force virile, et de se souvenir de ses vertus trop oubliées. Les épreuves et les revers ont cette compensation, qu'ils nous ramènent par contrainte au bien dont les éblouissements du succès nous éloignent. Se payer d'illusions serait une criminelle folie. Jetons un coup d'œil ferme sur le chemin parcouru, sur celui qu'on ouvre devant nous, et marchons résolûment là où nous voyons briller la vérité, la justice, le droit, la liberté.

Rueil, ce 28 octobre 1866.

1

DISCOURS DU BATONNAT

DISCOURS

PRONONCÉ

A L'OUVERTURE DE LA CONFERENCE

le 3 décembre 1866

MES CHERS CONFRÈRES,

Cette solennité, qui chaque année inaugure la reprise de nos Conférences, nous offre l'attrait particulier qui s'attache aux fortes études de la jeunesse. Deux d'entre vous, choisis par nos anciens entre les plus dignes, vont vous rappeler; l'un les règles difficiles de l'art de bien dire; l'autre les nobles leçons puisées dans la vie d'un grand ministre. Mais, avant de leur donner la parole, permettez-moi d'user de mon privilège en vous ouvrant mon cœur, pour vous y laisser voir les sentiments d'affection profonde et de dévouement sans bornes qui le remplissent.

C'est à eux seuls, je n'en doute pas, que je dois l'insigne honneur qui m'a été conféré par le Conseil de notre Ordre.

Comment n'en serais-je pas vivement touché ? Il n'en est pas de plus éminent pour l'avocat qui a consacré son existence au culte de sa profession. Il n'en est pas qui lui soit plus précieux, puisqu'il est la plus haute expression de l'estime et de la confiance de ses confrères. Mais en même temps il n'en est pas qui oblige davantage. Maintenir d'une main ferme les règles salutaires de notre discipline, diriger vers un but élevé les utiles travaux du stage, prévenir les difficultés et les conflits par un esprit de conciliante modération, suivre d'un œil vigilant les moindres faits qui intéressent notre dignité, défendre nos franchises contre de funestes empiétements, porter résolûment partout où il doit paraître le drapeau de notre Ordre et savoir le faire respecter, telle est la tâche que nos traditions imposent à votre bâtonnier. Tâche considérable et de nature à intimider les volontés les plus courageuses. Nul ne saurait se flatter de la remplir dignement ; mais le devoir ordonne de s'y appliquer sans hésitation ni réserve, le regard fixé sur les exemples des devanciers. Et lequel mérita de servir de modèle, mieux que celui auquel je succède et dont l'exercice a été marqué par de si rudes épreuves?

Vous tous qui l'avez vu à l'œuvre, tantôt menant ces deuils illustres sous les coups répétés desquels le Palais a été comme accablé, tantôt revendiquant avec éclat le patrimoine inaltérable de nos vieilles libertés ; vous tous encore qui, dans les relations privées, avez apprécié son indulgence éclairée, son zèle infatigable, son noble penchant pour les lettres dont il a été dans cette enceinte le brillant apologiste, vous ne me démentirez pas, lorsque, interprète du barreau tout entier, j'affirme que jamais chef de notre Ordre n'a servi nos intérêts avec un cœur plus dévoué et n'a conquis des droits moins contestés à notre affectueuse reconnaissance !

Mais ce n'est point assez de ces inspirations : j'ai besoin du concours de tous mes confrères, et particulièrement du vôtre, mes chers stagiaires, vous, notre espérance, notre orgueil, vous à qui le temps appartient, vous que doit à chaque heure harceler le désir de bien faire et de dépasser ceux qui vous montrent la route. C'est de vous que dépendent nos destinées, et pour qu'elles répondent aux vœux de ma vie entière, il faut que je vous dise comment je comprends cette profession que nous ne saurions trop aimer puisqu'elle établit entre nous de si forts et de si doux liens.

On nous accuse quelquefois de lui prêter une feinte grandeur. Combien nous serions coupables si nous la faisions descendre au niveau de l'opinion commune. Sa force est précisément dans la hauteur à laquelle nous la plaçons, et l'exagération même qu'on nous reproche n'a d'autre résultat que de multiplier et d'épurer nos devoirs.

Au surplus, sa grandeur se justifie et s'établit par son origine, son essence et son but. S'il est vrai que, chez les nations civilisées, le sentiment le plus élevé soit celui du droit, le premier besoin, celui d'une législation éclairée et d'une justice impartiale, l'institution qui répond à ces nécessités occupe dans l'État un rang dont nul ne méconnaîtra l'importance. Aussi, partout où elle est indépendante, la magistrature a droit à de légitimes respects. Nulle mission n'est plus sainte, ni plus difficile que la sienne. Mêlée aux faiblesses et aux passions humaines, elle doit s'y montrer supérieure; vouée à des travaux obscurs, elle trouve la récompense de ses efforts non dans le bruit de la renommée, mais dans les calmes satisfactions de la conscience; elle est l'interprétation vivante de la loi; et dans ce commentaire puissant qui ressort de ses arrêts, elle ne peut obéir à d'autres mobiles que ceux d'une raison ferme et libre; enfin, vigilante protectrice de tous les intérêts menacés, ennemie infatigable de la fraude, de la violence, de l'oppression, étendant sa sollicitude jusqu'aux plus humbles, elle est, dans nos sociétés modernes, le plus auguste et le plus redoutable des pouvoirs; elle en est le bienfait et la gloire, comme elle en serait le déshonneur et le fléau si elle pouvait, oubliant ses devoirs, abuser de l'immense autorité qui lui est confiée.

A côté d'elle est le Barreau qui, à un point de vue différent, concourt à l'accomplissement de

la même tâche. A elle la décision et la souveraineté, à lui la discussion et la liberté. Il est le
champion du droit individuel, le refuge des per-
sécutés, le patron et le consolateur de toutes les
infortunes. Pour servir dignement cette noble
cause, toutes les ressources de la science et de
l'art lui sont nécessaires. Il explique la loi et
s'efforce d'en fixer les incertitudes : il faut donc
qu'il en connaisse les sources dans l'histoire,
dans la philosophie, qu'il en devine l'esprit en
étudiant les besoins sociaux auxquels elle cor-
respond. Il doit aussi porter la lumière au milieu
des ténèbres dont l'ignorance et la mauvaise
foi entourent trop souvent les questions liti-
gieuses. Il faut alors qu'il pénètre les plus secrets
replis des cœurs, qu'il y surprenne le jeu des
passions, qu'il sache, en les dominant par la
pensée, démêler et traduire leurs entraînements.
Enfin, et dans tous les temps, il s'enorgueillit de
ce précieux privilége : il se porte résolûment au
secours du droit partout où il est menacé par
la force triomphante.

Dédaigneux de plaire, insoucieux du péril, il
met sa gloire à se dévouer et sa plus haute for-

tune à sacrifier les avantages dont les hommes se montrent ordinairement le plus jaloux.

Tel est notre rôle, mes chers confrères ; j'ai raison de le trouver grand, et ceux-là qui seraient tentés de me contredire seraient bien vite de mon avis si quelque revers les forçait à recourir à notre ministère. C'est alors qu'ils comprendraient l'erreur de ces esprits qui, dans un fol amour de l'autorité à tout prix, s'alarment de nos franchises ; pour nous juger, il faut avoir souffert, et dans un temps où la fortune a de si brusques retours, où la prison et le trône se touchent de près, nous pouvons invoquer ce témoignage de la conscience publique, que nous restons fidèles au malheur, quel que soit son drapeau.

Mais à une tâche pareille la vie suffit à peine. Notre profession est de celles qui exigent une passion exclusive et un entier dévouement. Que ceux-là s'en éloignent qui ne veulent renoncer ni aux plaisirs du monde, ni au tumulte des affaires. D'Aguesseau, écrivant pour son fils des conseils que nous ne saurions trop relire, lui enseigne qu'il n'y a pas de succès possible sans

1.

une claustration volontaire de plusieurs années.
Le choix des lectures qu'il lui recommande
comme indispensables constitue une véritable
encyclopédie. Loin d'y rien retrancher, j'y ajou-
terais toutes les conquêtes de l'esprit nouveau
auxquelles l'avocat ne peut demeurer étranger.
Lui demander de tout savoir ne serait en rien
dépasser les limites de son domaine. Il peut
s'appliquer les vers dont Juvénal fait la préface
de ses satires :

Quidquid agunt homines, votum, timor, ira, voluptas,
Gaudia, discursus, nostri est farrago libelli.

« Toutes les actions des hommes, leurs désirs,
leurs craintes, leurs colères, leurs passions, leurs
plaisirs, leurs disputes, tout rentre dans le sujet
de notre livre. »

N'est-ce pas en effet la vie humaine avec ses
accidents infinis, ses grandeurs et ses misères,
ses clartés et ses ténèbres, qui se développe sans
cesse dans ces drames variés qu'on appelle les
procès? Ne touchent-ils pas à la morale, à l'histoire, aux lettres, à la science, à l'industrie, à
la politique, et, pour n'être point au-dessous

de leur intelligence, l'avocat ne doit-il pas s'initier à toutes les connaissances? Plus large sera son horizon, plus ferme sera son regard, plus féconde sera sa pensée, plus puissante son action sur ceux qu'il a mission d'éclairer et de convaincre.

Éclairer et convaincre! tel est le double but que se propose l'orateur. C'est aux vives lueurs de son esprit rayonnant sur chaque partie de son discours que s'avancent, rangés avec une savante méthode, les arguments destinés à subjuguer ses auditeurs ; c'est par la noble chaleur de son âme que sa parole répand autour de lui ces insaisissables et mystérieuses attractions qui le rendent maître des volontés et des cœurs, et assurent ainsi son triomphe par la plus pure des conquêtes, celle qu'établit l'union intime des sentiments et des pensées !

Mais cette victoire exige un effort opiniâtre. Tacite l'indique, dans son *Dialogue sur les orateurs*, par quelques lignes utiles à méditer [1] :

---

1. Id est orator qui de omni quæstione pulchre et ad persuadendum apte dicere pro dignitate rerum et ad utilitatem temporum , cum voluptate audientium possit.

« Le véritable orateur est celui qui, sur toutes matières, peut parler avec une élocution pure, ornée, persuasive, en ayant égard à la dignité du sujet, à la convenance du temps, au plaisir des auditeurs. »

Avant lui, Cicéron avait écrit les mêmes choses en les appliquant plus particulièrement à l'éloquence du Barreau [1] :

« L'orateur ne doit pas se borner à satisfaire le client qui a besoin de lui, il doit se faire admirer de ceux qui le jugent indépendamment de tout intérêt. »

Et moi, mes chers confrères, s'il m'est permis de parler après ces grands génies, j'ajouterai que l'orateur ne doit pas se contenter d'instruire, de persuader, de charmer ceux qui l'écoutent ; l'admiration dont les murmures mal contenus l'enivrent ne saurait être sa plus belle récompense : c'est à réaliser le type idéal du vrai et du beau mis en germe dans son sein que doit s'épuiser tout son être ! noble et vaillant labeur

---

1. Est igitur oratori diligenter providendum, non ut illis satisfaciat quibus necesse est, sed ut iis admirabilis esse videatur quibus libere liceat judicare.

qui élève la créature bornée aux limites mêmes des régions infinies où sa nature se transforme ; puissantes et fécondes méditations dans lesquelles, poursuivant avec une ardeur infatigable le rêve qu'elle entrevoit malgré sa faiblesse, la pensée s'agrandit et s'échauffe et comble l'âme de joies presque célestes ! voluptés ineffables ! dont nulle langue humaine ne saurait peindre la force et la douceur, car elles sont la plus haute expression du pouvoir de notre essence immatérielle. La poésie leur a donné un symbole en immortalisant le sublime délire de l'artiste qui sent palpiter le cœur de la femme sous le marbre que tourmente son ciseau, et se prosterne, éperdu d'amour, devant cette œuvre sans nom, pour l'enfantement de laquelle sa main s'est rencontrée avec celle de Dieu !

Et ne croyez pas que ce soit de ma part une téméraire exigence que de vous convier à ces aspirations ; elles sont la source de tout ce qui est véritablement puissant. C'est par le cœur que se mènent les hommes, et c'est le beau qui le pénètre et le captive. La beauté morale exerce sur lui un empire bien plus irrésistible que la

beauté physique qui n'est que le reflet et le signe
visible de la première. Dès lors, comment celui
qui est chargé de persuader dédaignerait-il les
séductions de la pensée ? Comment renoncerait-
il au secours décisif que lui apportent la pureté
du langage, la grâce du tour, la noblesse de
l'expression, la vivacité du trait, l'éclat des
images, le rapprochement ingénieux des aper-
çus? C'est de la forme, dit-on, et notre siècle
positif ne s'y arrête plus, il demande avant tout
des idées pratiques et précises qui peuvent se
rendre sans phrases.

Mes chers confrères, tenez ces maximes trop
répétées pour un sophisme à l'usage des impuissants. Je suis loin de méconnaître la tendance
de beaucoup d'esprits à tout rapetisser; les
médiocrités trouvent leur compte à cet abaissement. Certains politiques en font la base de leur
fortune. J'en vois aussi les traces funestes dans
la littérature et dans les arts, et c'est pourquoi
je vous conjure de réagir avec courage contre
cet amoindrissement progressif de nous-mêmes.
Autant il est nécessaire de fuir l'enflure et le
mauvais goût, autant il faut s'attacher avec un

pieux respect à nos vieilles traditions d'élégance
et de distinction qui forment l'un des plus précieux patrimoines de notre nationalité. Cette
belle langue française, la langue de Descartes,
de Bossuet, de Pascal, de Racine, de Molière, de
Voltaire, est un si admirable instrument, que
ceux qui sont appelés à l'insigne honneur de s'en
servir pour une fonction publique, — et quelle
fonction? la libre défense du droit! — seraient
coupables au premier chef de la laisser se dégra-
der et se fausser entre leurs mains.

Cicéron disait avec une extrême justesse que
« le plus grand vice d'un discours, c'est de s'éloigner trop de la manière ordinaire de parler. »
Mais il a prouvé par son exemple que la trivialité
doit être évitée aussi soigneusement que le néo-
logisme, et que la première force de l'orateur
est dans la correction de son style et la noblesse
de son langage [1]. Et comment n'en serait-il pas
ainsi? La beauté de la forme attirera toujours

1. Dans son livre *de l'Orateur*, il conseille aux jeunes gens
de se former par de nombreuses compositions écrites. « La
plume, dit-il, nous forme à bien dire, c'est le premier et le
plus habile des maîtres. *Stylus optimus ac præstantissimus
dicendi effector ac magister.* »

par d'irrésistibles enchantements ; à elle seule elle impose.

Et vera incessu patuit dea,

dit le poëte : les plus rebelles subissent son charme. Ils voudraient se révolter, les voilà pris et captifs. On peut dès lors leur faire tout entendre : les hardiesses ne les choquent plus. Entraînés par la magie de la séduction, ils oublient leur passion pour se livrer à celui qui sait les éblouir, et quand ils reviennent à eux-mêmes, il n'est plus temps de comprimer l'essor de la pensée dont l'art a brisé les entraves.

Cette préoccupation de bien dire que je vous conseille de toutes mes forces, cette habitude scrupuleuse de rechercher soigneusement le signe le mieux approprié à la pensée, ne vous serviront pas seulement dans les circonstances difficiles où l'habileté est une condition de salut, elles donneront à chacun de vos discours, même les plus ordinaires, deux qualités rares et dont vous tirerez le plus grand fruit : la propriété de l'expression et la sobriété des développements. Nous nous plaignons quelquefois d'être mal écoutés : au lieu d'en accuser le juge, prenons-nous-en à nous-mêmes. Commandons son attention en l'intéressant et en le charmant. Lorsque Périclès montait à la tribune, il se disait : « Souviens-toi que tu vas parler à des hommes libres, à des Grecs, à des Athéniens. »

Il croyait ainsi nécessaire d'élever son esprit par le sentiment de la dignité de son auditoire. Nous, qui nous adressons à des magistrats rompus aux affaires, n'oublions jamais que le premier tribut du respect que nous devons à la justice, c'est un examen approfondi de notre cause.

Cicéron insiste sur ce précepte banal en apparence, et cependant fort utile à rappeler [1] :

« Ce que je recommande d'abord à mon élève, c'est, quelque cause qu'il ait à traiter, de l'étudier avec soin et de la connaître à fond..., car on ne peut que fort mal parler de ce qu'on ne connaît pas. »

Mais ce n'est point assez de pénétrer toutes les parties de son procès ; le choix réfléchi des

---

1. Hoc et primum præcipiemus, quascumque causas erit acturus, ut eas diligenter penitusque cognoscat... quod nemo potest de ea re quam non novit nisi turpissime dicere.

moyens, la combinaison logique des idées et la recherche sévère de la forme la plus parfaite vous permettront d'être clairs, simples et brefs dans l'explication de ce qui ne soulève aucune difficulté sérieuse, substantiels dans la discussion, éloquents et pathétiques quand la passion devra naturellement prendre place dans votre discours. Par ces efforts assidus vous deviendrez maîtres de vous-mêmes et souvent aussi de ceux dont vous aurez ainsi mérité la confiance et l'estime.

Vous entendrez répéter que les dissertations de droit ne sont plus tolérées dans nos plaidoiries. S'il en était ainsi, j'en accuserais le Barreau. Une bonne discussion est toujours écoutée. Elle ne le sera pas moins pour être belle. Mais condamner la Magistrature à des lieux communs, à des doctrines hasardées, à des thèses jetées dans le débat sans préparation, c'est tenter une entreprise où celui qui perd le plus est l'imprudent qui se brise contre l'inattention dont sa légèreté est la seule cause.

Vous vous défierez donc, mes chers confrères, de ces conseillers, trop communs aujourd'hui, qui vous enseigneront les commodes préceptes du sans-gêne oratoire. Vous ne croirez pas que l'art de bien dire soit inconciliable avec la logique et la science, et vous vous appliquerez avec une intelligente persévérance à rehausser l'éclat du Barreau par l'alliance naturelle du droit, de la philosophie et de l'éloquence! Les conférences, qu'un usage immémorial a établies parmi nous, celles que vous formerez vous-mêmes, vous seront, à cet égard, une excellente préparation. Plutarque nous apprend l'ardeur avec laquelle Cicéron s'y consacra : « Il se remit dereschef à estudier en rhétorique et à cultiver son éloquence comme un util nécessaire à qui se veut entremettre du gouvernement de la chose publique, en s'exercitant continuellement à faire des harangues sur des subjects supposez et en s'approchant des orateurs et maistres d'éloquence qui lors estoient le plus renommez. »

Ces luttes, où vos généreux instincts se donneront libre carrière, où vos succès auront d'autant plus de prix qu'ils ne seront achetés par aucune défaite, vous initieront peu à peu aux combats plus sérieux qui rempliront votre vie.

Vous les affronterez avec la force que donnent de consciencieuses études, l'amour du travail et la noble ambition de bien faire, et votre jeune gloire, rayonnant sur nos dernières années, sera la plus douce récompense des efforts que nous aurons tentés pour faire fructifier et grandir au sein de votre génération les leçons que nos anciens nous ont transmises!

D'ailleurs, mes chers confrères, en vous façonnant aux rudes labeurs de notre profession, vous vous disposez à servir la patrie sur d'autres théâtres, si jamais elle en appelle à votre dévouement. On ne saurait être un homme d'État sans une connaissance approfondie du droit, et tous ceux qui ont exercé une décisive influence sur leur époque ont été habiles dans le maniement de la parole.

Je sais que l'heure présente semble peu favorable à l'éloquence politique. Si je voulais en rechercher les causes, je les trouverais sans peine. Tacite, dans son *Dialogue sur les orateurs,* se posait la même question, et y répondait ainsi[1]:

---

1. Minor oratorum obscuriorque gloria est inter bonos mores et in obsequium regentis paratos. Quid enim opus est longis

« La gloire de l'orateur s'affaiblit et s'obscurcit au milieu des bonnes mœurs et d'une sage subordination. Qu'est-il besoin de longues discussions dans le sénat, lorsque les bons esprits sont si vite d'accord? Que deviennnent toutes ces harangues au peuple lorsque l'administration publique n'est plus confiée à l'ignorance de la multitude, mais à la sagesse d'un seul? »

Pour moi, mes chers confrères, j'estime que dans les jours les plus difficiles le courage et l'éloquence peuvent beaucoup encore, et que, pour une nation condamnée à de pénibles épreuves, c'est un honneur, une consolation et une espérance que d'entendre, ne fût-ce que de loin en loin, des voix aimées s'élever pour la défense des causes perdues et la revendication des droits imprescriptibles de l'avenir.

Sachons donc tenir nos âmes aussi bien au-dessus des lâches défaillances que des aspirations inconsidérées. Accomplissons notre tâche quotidienne avec modération et fermeté, et

in senatu sententiis quum optimi cito consentiunt? Quid multis apud populum concionibus quum de republica non imperiti et multi deliberent, sed sapientissimus et unus?

soyons prêts, si les temps l'exigent ou le permettent, à paraître dignement sur cette grande scène publique, que les malheurs et l'éloquence de nos pères ont fait briller d'un lustre si éclatant.

Et quelle que soit la destinée que Dieu nous réserve, soyons heureux et fiers de nous vouer à une profession qui se distingue entre toutes par la sévère obligation d'un travail opiniâtre. Honorons-la en demeurant fidèles au culte de la science et de l'art, à la plus scrupuleuse pratique de nos devoirs. Respectueux vis-à-vis de la Magistrature, obtenons d'elle, sans faiblir, le maintien de nos priviléges, qui ne sont, après tout, que les droits sacrés de la libre défense. Bannissons avec soin des débats judiciaires les personnalités inutiles et les violences du langage, conservons religieusement entre nous ces règles si précieuses de la confraternité, qui nous imposent la douce nécessité de nous aimer les uns les autres, et ne perdons jamais de vue que notre plus grande force consiste à garder, au milieu de la société qui nous entoure, des traditions d'un autre âge, des principes et des scrupules

qu'on chercherait vainement ailleurs que parmi
nous.

Ainsi la loi commune fait de la rémunération
la condition naturelle du travail. Notre vie n'est
qu'un long et rude labeur. C'est à peine si l'avocat occupé peut goûter les saintes joies de la
famille. Ses veilles ne lui appartiennent point.
Courbé sous un joug que la conscience d'être
utile seule allége, incessamment agité par le
sentiment d'une responsabilité d'autant plus
lourde qu'elle n'a pas de sanction, prodigue de
son repos et de sa santé, jetant sans ménagement
son esprit et son cœur dans cette lutte dévorante
où tout son être se consume, usé souvent avant
l'heure, tombant glorieusement à la barre comme
Paillet, ou s'éteignant dans sa vigoureuse maturité comme les confrères bien-aimés dont la
perte récente nous paraît encore impossible,
après tant d'efforts, tant de sacrifices, tant d'abnégation volontaire, il arrive rarement à la conquête d'un modeste patrimoine. Qu'ils s'éloignent
donc de cette noble carrière ceux qu'aiguillonne
le désir du gain et qui ne comptent les succès
que par les richesses ! L'industrie la plus mé-

prisée leur sera plus profitable ; qu'ils prêtent l'oreille à la sanglante ironie du grand satirique écrivant à propos des orateurs de Rome :

> Veram deprendere messem
> Si libet : hinc centum patrimonia causidicorum,
> Parte alia solum russati pone Lacernæ.

« Veux-tu au juste apprécier le fruit de leur métier ? mets d'un côté la fortune de cent avocats réunis, et de l'autre celle du cocher Lacerna. »

Les temps ne sont point changés, et les avocats peuvent encore se glorifier de leur médiocrité, car elle n'a d'autre cause que le désintéressement, qui est leur règle fondamentale. A eux appartient la noble prérogative de tendre au pauvre et à l'opprimé une main qui repousse tout salaire. A eux cette délicate pudeur qui leur fait, sans débat, trancher contre eux-mêmes toute question d'intérêt personnel. Que ces principes vous soient particulièrement sacrés, mes chers confrères ; mettez votre honneur à les maintenir dans leur pureté, et plus le monde au milieu duquel vous vivez semble violemment

entraîné vers le culte aveugle des jouissances
matérielles que donne l'opulence, plus vous vous
élèverez en lui offrant le contraste de la simplicité, de la modération et du désintéressement
que nos traditions vous enseignent.

Et si jamais vous étiez disposés à vous en
écarter, jetez les yeux sur les exemples de ceux
qui ont été nos modèles et demeureront la gloire
de notre Ordre. Hélas! pourquoi faut-il que,
pour mieux vous rappeler leurs éminentes qualités, je sois condamné à interroger deux tombes
à peine fermées, dans la nuit desquelles sont
venus se glacer deux grands cœurs, s'éteindre
deux nobles intelligences! Le Palais n'avait-il
pas été assez cruellement éprouvé? Ne pleurait-
il pas encore Landrin, auquel vous me pardon-
nerez de rendre ce dernier hommage, triste et
douloureux tribut de l'étroite amitié qui nous
unissait? Non, ce n'était point assez de deuil, et,
dans une même semaine, deux de nos confrères
les plus considérables, deux anciens bâtonniers,
et tous ceux qui les ont approchés pourront dire
deux amis, nous étaient enlevés dans la force de
l'âge, quand il semblait que de nombreuses et

fécondes années leur fussent encore réservées. Frappés l'un et l'autre dans des conditions différentes, l'un par une catastrophe soudaine, l'autre par une lente désorganisation, ils mouraient comme deux sages, nous laissant à la fois consternés par leur perte, édifiés par leur vertu, et prenant place dans l'histoire de notre Ordre parmi les plus illustres dont la vie fut sans tache, dont la mémoire est une pure et complète leçon.

Bethmont et Liouville! votre vie a commencé et fini à quelques jours de distance; elle s'est écoulée ici, dans les travaux et les devoirs de notre profession sur laquelle vous avez jeté tant d'éclat! Vous avez été notre orgueil et notre joie! vous nous avez ardemment aimés! nos cœurs vous cherchent et vous appellent encore! ils seront l'asile sacré où, jusqu'à ce qu'ils aient cessé de battre, votre souvenir recevra un culte pieux. Aujourd'hui souffrez qu'échappant au recueillement de mes regrets, pour l'instruction de cette jeunesse que vous ne pouvez plus charmer ni guider, j'essaye, non de vous louer, mais de dire simplement ce que vous étiez, afin que nous apprenions tous ce que nous devons être!

Le jour funeste où, après les cruelles alterna-
tives qui nous tenaient suspendus entre la crainte
et l'espoir, la grande âme de Bethmont retour-
nait à Dieu, Paris fut comme voilé de tristesse.
Autour de son cercueil, la désolation était sans
bornes, mais plus loin il se produisait de proche
en proche une sorte de commotion douloureuse
dont les plus indifférents ne pouvaient se défendre.

Jamais hommage public ne fut mieux mérité,
car celui qui venait de nous être ravi était une
de ces rares natures sur lesquelles tous les dons
semblent accumulés. Ses nobles qualités éclai-
raient son beau visage tout rayonnant de grâce
et de douceur. Son organe, à la fois caressant et
grave, se prêtait merveilleusement à une diction
toujours élégante, originale, et dont la fréquente
nonchalance renfermait d'incroyables séductions.
Doué d'une intelligence vaste et féconde, d'une
imagination inépuisable, d'une puissante faculté
de saisir et de créer les rapports des choses, de
deviner les sciences, de combiner les systèmes
et d'atteindre sans efforts aux plus hautes géné-
ralisations, il s'était fait de bonne heure, par de

fortes et profondes études, une langue pure,
souple, harmonieuse, colorée, riche d'ornements
solides et d'un goût constamment irréprochable
malgré ses adorables mollesses, et qui aurait
suffi à elle seule à lui assurer une des premières
places parmi les orateurs les plus éminents.
Mais ce mérite si élevé n'était que l'instrument
qui faisait valoir les autres plus précieux. Il
avait en lui-même l'instinct de l'ordre et du
beau. Partout où il dirigeait son esprit, la lumière
naissait d'elle-même et comme par le jeu naturel de son entendement capable d'exceller dans
tous les sujets, il avait l'art merveilleux de dissiper l'obscurité et de triompher de l'aridité. Les
causes les plus ingrates et les plus épineuses
paraissaient faciles quand il les expliquait, et les
hommes spéciaux étaient éblouis de son aptitude
à pénétrer et divulguer leurs secrets.

Mais là où éclatait la supériorité de son inimitable talent, là où il est demeuré sans rival,
c'est dans la discussion des thèses juridiques,
dans la peinture des passions, des douleurs, des
sentiments que ses causes mettaient en relief.
Jurisconsulte consommé, il ne s'était pas borné

à fouiller les sources du Droit ; il les avait éclairées par la philosophie, et ses Commentaires de
la loi montraient à la fois et le lien primordial
qui la rattache aux règles éternelles et les nécessités sociales auxquelles elle satisfait.

Quand il touchait aux théories, ses plaidoiries
étaient un lumineux enseignement, toujours
noble, toujours inspiré par les idées les plus élevées.

Quand il discutait les faits, elles devenaient
un modèle de grâce, d'atticisme, de pathétique.
Nul ne poussa plus loin le pouvoir de remuer
les cœurs, parce que nul n'eut en partage une
sensibilité plus vraie ; son âme débordait par
tout son être, et son émotion qui semblait le
dominer, alors qu'il la gouvernait avec le plus
d'habileté, avait des accents si victorieux, que,
pour lui résister, il eût fallu cesser de l'entendre.

Aussi, que de triomphes ! Dès ses débuts, il
fut accueilli par une admiration unanime.

Pour raconter ses succès, il faudrait citer toutes
les grandes affaires qu'il a plaidées.

Un jour, il était encore au stage, un président

d'Assises l'envoie chercher pour remplacer un jeune confrère éloigné de la barre par un mal subit. Il s'agissait de défendre un Anglais qui, entraîné dans une maison de jeu, après avoir tout perdu, égaré par la pensée de la détresse de sa femme et de ses petits enfants dont il venait de dévorer la dernière ressource, s'était élancé par une croisée en emportant un paquet de billets de banque. Bethmont demande une demi-heure de recueillement.

Dans cette courte méditation, son cœur s'est pénétré de toutes les misères morales qui ont rendu le crime possible. Il les traduit dans un langage si éloquent, il peint avec un art si magique la fièvre insensée qui a troublé la raison de son client que le jury le récompense de sa bonne action par un acquittement.

Une autre fois, soutenant une prévention d'adultère, il donne à sa démonstration une forme si pressante, sa parole a des flammes si vives, qu'éblouie et vaincue, l'épouse coupable se prosterne et confesse sa faute.

Ceux qui ont eu, comme moi, le bonheur d'assister aux débats de l'affaire de l'accident du

8 mai 1842, reconnaissent que jamais cause plus difficile ne fut traitée avec une plus admirable habileté; lorsqu'en terminant son magnifique discours, il traça l'histoire de l'industrie, transformant le monde par ses miraculeuses conquêtes et marquant chacun de ses progrès par des souffrances et des sacrifices, immolant la vie de l'homme dont le sang, par un impénétrable mystère, semble le ciment de toutes les grandes entreprises, l'auditoire se leva tout entier dans un transport d'enthousiasme auquel les magistrats s'associèrent ouvertement. Que de fois j'ai été le témoin du charme et de la puissance indicible de son action oratoire!

Hélas! lorsque l'année dernière, après des vacances qui nous avaient permis de goûter quelques jours d'une douce intimité, je le rencontrais ici, souriant, affectueux, tout paré de cette fine bienveillance qui était l'une de ses plus grandes séductions, qui m'eût dit qu'au lieu de se préparer à de nouvelles victoires, il penchait déjà vers l'éternité, et que moi, qui l'ai tant aimé, je serais appelé au douloureux honneur de lui adresser dans cette solennité des paroles d'adieu qu'il ne peut plus entendre, et des regrets malheureusement stériles.

Et pour comprendre l'étendue de notre irré-parable perte, ce n'est pas assez d'avoir connu l'avocat, il faut avoir pu juger l'homme. L'âme de Bethmont ne se révélait vraiment que dans la familiarité des conversations privées. La grâce exquise qui semblait être sa nature était née tout enveloppée de pudeur ; il lui fallait le mys-tère de l'amitié pour se livrer sans réserve. Cherchant plus à être aimé que loué, l'affection le mettait plus à l'aise que l'admiration.

Alors son esprit étincelait, mille coquetteries charmantes en voilaient et en montraient tour à tour les ingénieuses surprises ; puis sa parole si onctueuse s'échauffait, sa verve s'allumait. Il s'abandonnait librement à ses enthousiasmes, à ses indignations. Son cœur si noble, si grand et si tendre paraissait à nu. Il ne songeait pas, comme en public, à en retenir les trésors. Avec quelle ardeur il aiguisait la controverse, avec quelle merveilleuse facilité il sondait les plus vastes problèmes ! Quelle ironie toujours em-preinte de bonté il savait jeter dans la discussion

au secours de sa dialectique! Vous, mes confrères, mes amis, qui avez pu jouir de ses entre-
tiens, vous savez combien la parole est impuissante à en retracer le charme; vous avez pu
mesurer la grandeur et l'harmonie de cette
intelligence, la bonté infinie de ce cœur fait pour
toutes les vertus, et vous pouvez dire avec le
poëte pleurant la mort de Quintilius:

> Quis desiderio sit pudor aut modus
> Tam cari capitis. .   .   .   .   .   .
> Multis ille bonis flebilis occidit.
>
> .   .   .   .
>
> Cui pudor et justitiæ soror,
> Incorrupta fides et nuda veritas
> Quando ullum inveniunt parem?

Laissez-moi vous dire encore ce que beaucoup
d'entre vous ne savent point et ce qu'il est utile
de leur apprendre, que Bethmont eut à surmonter de considérables obstacles pour atteindre le
rang qu'il a occupé.

Il était né dans une famille peu aisée. Son
père, boulanger-meunier au faubourg Saint-
Antoine, élevait péniblement sa famille. Sa
mère, douée d'un esprit juste et droit, d'une

volonté forte, d'une âme tendre, distingua les
heureuses dispositions de son fils et s'imposa
mille privations pour lui faire donner une éducation dont elle sentait le prix. Il fut placé par
elle au lycée Charlemagne. En 1814, pour le
soustraire aux dangers et à l'agitation qui mena-
çaient Paris, elle le confia aux pères de l'Oratoire qui dirigeaient le collége de Juilly. Il y
devint bientôt l'idole de ses maîtres dont lui-
même conserva toujours le plus affectueux souvenir. Mais les temps étaient mauvais. La famille
assemblée décida que les dépenses du collége
ne pouvaient plus être supportées. L'écolier, la
mort dans l'âme, quitta ses professeurs, non
moins désolés que lui, et vint garde-moulin chez
son père. Il avait quatorze ans. Les dignes
prêtres qui l'avaient apprécié n'y tinrent point.
Ils ne pouvaient oublier leur élève, ils conspi-
rèrent avec sa mère, et l'enfant, pleurant de
joie, retourna à son Virgile délaissé, promettant
d'indemniser ses généreux protecteurs par deux
années de professorat. Il tint fidèlement sa parole, puis il vint faire son droit à Paris. Il trouva
la gêne dans la maison paternelle. Sa digne

mère, déjà malade, s'en inquiétait. Le jeune homme séchait ses larmes en lui cachant les siennes, et lui apportait fièrement l'argent des leçons qu'il donnait.

Dieu récompensa son courage. Les dettes furent payées et sa mère put s'éteindre en paix en bénissant son fils. Quant à lui, il grandit rapidement dans cette carrière où la renommée venait au-devant de lui, et malgré les malheurs cruels qui l'éprouvèrent, malgré les assauts répétés d'un mal qui plus d'une fois mit sa vie en danger, il eut bien vite conquis au barreau l'une des premières places. L'éclat de son talent lui ouvrit, en 1842, les portes du palais Bourbon, où l'envoyèrent les électeurs de son faubourg. Il y siégea sur les bancs de l'opposition, et bien que défenseur inébranlable des principes libéraux, il eut l'art de rallier tous les suffrages par son inimitable parole, sa connaissance des affaires, sa constante modération.

Député de la Rochelle en 1846, vous savez quelle fut sa conduite au mois de février 1848. Oubliant le soin de sa santé gravement compromise, il accourut à la voix de son ami, notre

illustre et digne confrère Marie ; il accepta le
poste difficile de ministre du commerce et y
montra les éminentes qualités de son intelligence
et de son cœur. Plus tard, successivement ministre de la justice et président de section au
conseil d'État, il étonna les hommes les plus
consommés dans le maniement des affaires par
sa merveilleuse aptitude à comprendre et à élever toutes les questions. Le coup d'État nous le
rendit et, depuis, il résista à toutes les tenta-
tives essayées pour le ramener à des fonctions
qu'il aimait, mais que sa conscience ne lui permettait plus d'accepter. Son retour parmi nous
fut une fête. Le conseil s'empressa de lui ouvrir
ses rangs, et, deux ans après, il recevait le
bâtonnat des mains du grand orateur qui est
notre maître à tous, au barreau comme à la tribune.

Dans l'exercice de ces hautes dignités il fut
toujours le même. Esclave de son devoir, indul-
gent et ferme à la fois, bon d'une bonté pour
laquelle il faudrait créer un mot dont il a emporté le secret, fidèle à ses convictions comme
à ses amitiés, le plus adorable des hommes et le

plus éminent des avocats. Sa place est vide, et nul ne la remplira.

Mais en écoutant ce récit, mes jeunes confrères, avec l'émotion qui vous pénétrait, n'avez-vous pas senti s'agiter, au fond de vos âmes, la noble ambition d'imiter cette vertu? n'avez-vous pas rougi intérieurement de vos défaillances et de vos murmures? Les rudes souffrances de cette nature d'élite ne vous sont-elles pas un profitable enseignement? Voyez ce que peut une volonté ferme animée par un grand cœur!... Ah! que chacun de vous ait devant les yeux la touchante abnégation de cet enfant qui renonce à ses chères études pour servir son père, et qui, rendu au travail qu'il aime, s'y dévoue sans relâche, veille et s'épuise pour obtenir un succès qui console et honore sa mère; n'oubliez jamais que la gloire et la réputation appartiennent à quiconque sait en comprendre le prix, et cherche dans le sacrifice de lui-même les moyens de les conquérir.

Ces vérités salutaires ne ressortent pas avec moins d'éclat des exemples laissés par notre cher Liouville. Vous pouvez le suivre du commencement à la fin de sa laborieuse carrière, et vous le trouverez toujours digne de vous servir de modèle par son infatigable ardeur au travail, sa scrupuleuse délicatesse, son amour enthousiaste de sa profession.

Né à Lille, le 11 décembre 1805, il se fit remarquer de bonne heure par des dispositions peu ordinaires. Après de brillantes études, il fit son droit à Paris et fut en 1825 l'un des cinq docteurs reçus par la Faculté. Il n'avait alors que vingt et un ans, et il faisait marcher de front la préparation à ses examens et les travaux de la cléricature. En même temps il était inscrit au stage. Il avait cru possible de concilier tous ses devoirs ; son zèle y eût suffi, mais nos règles s'y opposaient.

Vous connaissez tous l'incident qui révéla leur infraction. Liouville était maître clerc chez M. Oger, avoué de première instance, auquel il n'a cessé de témoigner les sentiments de la plus respectueuse amitié ; Me Dupin l'aîné, chargé d'un grave et difficile procès de l'étude, est tout à coup forcé de partir. Le client va demeurer sans défenseur. Le temps pressait. Liouville cède aux instances de son patron et paraît à la barre à la place de l'illustre avocat que les juges attendaient. Le Palais tout entier applaudit à sa plaidoirie ; mais le Conseil s'en émut. Le prix de ce premier triomphe fut la perte de son stage, qu'il aima mieux sacrifier que d'abandonner M. Oger, comme on le lui avait offert.

Cependant, cette épreuve ne devait être que passagère. Liouville n'avait d'autre ambition que d'être avocat, et il n'avait donné cinq années de sa jeunesse à la procédure que pour aborder la barre, couvert d'une solide armure. On put là deviner à ses premiers coups, et les praticiens en l'entendant comprirent que les affaires avaient en lui un interprète consommé qui saurait ne rester au-dessous d'aucune difficulté.

C'est qu'en effet son esprit vigoureux, méthodique et sain était merveilleusement apte aux discussions juridiques. Il saisissait la vérité avec une sagacité rapide et sûre et savait prévoir à l'avance les obstacles que sa manifestation devait rencontrer.

C'était un homme d'affaires dans le sens le plus élevé du mot. Les ignorants seuls peuvent considérer cette dénomination comme un amoindrissement de l'avocat ; elle en est, à vrai dire, le plus bel éloge. L'homme d'affaires tel que je le comprends, tel que l'était Liouville, est celui qui, sans hésitation, devine la raison d'être d'une contestation. Écartant d'une main expérimentée les détails accessoires, il touche et fait sentir le point décisif ; il montre le piége, indique le remède et conduit au milieu du dédale des procédures et des actes le fil lumineux qui permet de ne jamais s'égarer. Faut-il protéger un droit menacé, il choisit les moyens qui convaincront le mieux les juges. S'agit-il de régler une situation compliquée, d'asseoir des garanties, d'éviter des procès, il trace la route, éclaire les écueils, défend la bonne foi, décourage la ruse. Enfin, à l'audience comme dans le cabinet, il est le Droit en action, et l'autorité légitime qu'il inspire n'est que la naturelle consécration des services de tous les instants que les magistrats et les justiciables reçoivent de lui.

Liouville possédait au plus haut degré ces qualités précieuses. Il les fécondait incessamment par un travail opiniâtre, par des études chaque

jour renouvelées, par les inspirations d'une âme
généreuse et pure. Sa vie a été un holocauste
au devoir. Nul ne s'en fit une idée plus austère,
nul n'y dépensa plus d'efforts. Ses préparations
étaient toujours minutieuses et complètes, et
souvent il y ajoutait des publications qui en
étaient le résumé. On est épouvanté en considé-
rant l'immensité du labeur qu'il a accompli.
Surchargé et constamment prêt, maître de ses
causes dont aucune particularité ne lui était
étrangère, abordant résolûment son argumentation, renversant par la puissance de sa
logique les obstacles qui lui étaient opposés, il
était à la barre le bon sens, l'honnêteté, la
science légale. Sa parole incisive frappait juste
et ferme, et l'on sentait en l'entendant que,
n'oubliant ni ne hasardant rien, il était pour le
juge un guide aussi sûr qu'il avait été pour le
client un utile conseil.

J'ai toujours admiré combien légèrement il
portait ce fardeau, sous le poids duquel tout
autre aurait succombé. Bien que le plus occupé
d'entre nous, il avait l'art de se créer des loisirs
qu'il consacrait aux lettres. Il était attiré vers

elles par un goût éclairé et délicat. Il connaissait
à fond le dix-huitième siècle, dont les libres tendances allaient à sa nature indépendante. Il
n'avait cependant pas négligé les autres. Il savait
presque par cœur Molière et Racine et citait fort
à propos Horace et Virgile. Mais c'était seulement dans l'intimité qu'il s'abandonnait ainsi ; à
l'audience, il sacrifiait ses charmants souvenirs
aux sévères nécessités de la dialectique, et nul
ne pouvait deviner son culte secret pour la
poésie.

A ses amis il a été donné de lire des vers
signés de lui, et que plus d'un écrivain en
renom n'aurait pas désavoués. D'autres ont pu
priser la rare finesse de ses avis en matière littéraire. C'est que, sous une écorce un peu rude,
il cachait une âme toute pénétrée de nobles
sentiments, un cœur affectueux, tendre, dévoué.
Vous le savez mieux que je ne le puis dire, vous
tous auxquels il a tendu une main secourable ;
si divulguer un bienfait n'était pas le profaner,
vous raconteriez son ingénieuse délicatesse, son
respect pour le faible, et la vigilante sollicitude
avec laquelle il allait au-devant du malheur.

Aussi, nul avocat n'a été plus aimé de ses confrères et ne les a plus sincèrement aimés. Le barreau était sa famille. Il lui avait donné toutes ses affections, et s'il en gardait à ses dignes enfants la part la plus excellente, c'était pour puiser dans ces pures et profondes satisfactions une plus énergique aptitude à remplir les sévères devoirs de sa profession.

Le bâtonnat était la couronne méritée d'une si vaillante existence. Il le désirait avec la sainte et naïve ardeur de celui qui sent tout le bien qu'il peut faire. Déjà depuis seize années membre du Conseil, il avait conquis une vaste clientèle. Le nombre et la variété de ses affaires avaient mis sa valeur en relief. On peut rappeler ce grand débat de l'accident de la rive gauche, dans lequel il eut l'honneur de lutter contre Bethmont ; le procès Servient, plaidé par lui à la Cour d'assises de Rouen, l'une de ses rares causes criminelles, et pour laquelle il déploya une sensibilité profonde et une véritable éloquence ; une quantité considérable de procès de contrefaçon, qu'il traitait avec une science achevée et une remarquable lucidité. Les avoués eux-mêmes le consultaient dans les cas difficiles. Cette autorité si bien établie, et que rehaussait son généreux désintéressement, le désignait comme notre chef. Le Palais tout entier l'acclamait; et cependant, Bethmont nous étant brusquement revenu par suite d'événements politiques fort imprévus, Liouville s'effaça devant lui. Ce sacrifice de ses plus chères espérances fut d'autant plus grand, qu'il mettait un pieux orgueil à faire rayonner la dignité à làquelle il aspirait sur le front vénérable de son vieux père.

La modestie et la confraternité l'emportèrent, et je rapporte ce trait si honorable de sa vie comme un enseignement pour nous tous, comme une preuve nouvelle de la noblesse de cette âme dont l'abnégation et l'amour du devoir étaient la vraie substance.

Enfin, au mois d'août 1856, il fut placé à la tête de l'Ordre. Vous avez tous présent à la mémoire le discours par lequel il inaugura la reprise des Conférences. Liouville y respire tout entier; c'est bien son amour exclusif pour notre chère profession, sa mâle indépendance, son esprit d'ordre, de discipline et de logique, son soin minutieux à tout prévoir, son désir ardent de maintenir les traditions, la dignité, l'éclat du Barreau. En parlant de Paillet et de sa fin glorieuse, il sut trouver des accents élevés et pathétiques dont l'effet fut immense. Ce n'était là pour lui qu'un programme. Son œuvre, ce fut son enseignement quotidien, son zèle infatigable, son dévouement de toutes les heures à nos intérêts.

Hélas! il y a épuisé sa vie. C'est dans ces travaux excessifs qu'il a contracté le germe de la maladie terrible qui a miné lentement sa puissante organisation. Martyr volontaire, il s'est immolé au culte de cette profession pour laquelle il croyait n'avoir jamais assez fait.

Déjà la souffrance avait brisé le lien qui l'unissait à la barre et le condamnait à cette mort anticipée qu'on appelle le repos, toutes ses préoccupations nous appartenaient encore.

En Italie, où les médecins l'avaient exilé, il recevait les hommages des avocats, et, prenant la plume pour défendre les droits d'un compatriote menacé par l'arbitraire d'un pouvoir heureusement disparu, il répondait ainsi à des invectives contenues dans un écrit ministériel : « L'auteur des observations ne sait pas encore que l'insulte et la calomnie ne sont qu'un aveu d'impuissance. Il ignore que, lorsqu'un avocat, digne de ce nom, a embrassé une juste cause, l'intimidation n'arrive pas jusqu'à son cœur; enfin il lui reste à apprendre que cet avocat succombât-il, d'autres prendraient sa place immédiatement, parce qu'il en est de ces courageux défenseurs du droit et de la vérité comme du rameau d'or toujours renaissant qu'a chanté le poëte immortel dont Naples garde le tombeau. » Jusqu'au dernier jour, il a songé à nous. Ses mains affaiblies ont corrigé les trois discours dans lesquels, sans en omettre aucun, il a tracé le lumineux tableau de nos droits et de nos devoirs. Pour leur exposé fidèle, il n'avait qu'à se souvenir de ce qu'il avait été.

Ces écrits, que nous ne saurions assez méditer, forment son véritable testament; il y a déposé son cœur, et cependant ni lui ni Bethmont ne se sont crus quittes envers l'Ordre par de si éminents services et un si rare dévouement.

L'un et l'autre, suivant l'exemple de Paillet, nous ont fait un legs de 10,000 francs dont le revenu doit être employé à un prix décerné au plus digne des stagiaires. Ces prix, qui conserveront chacun leur spécialité, perpétueront leur mémoire et deviendront pour ceux qui nous suivront le plus puissant des encouragements à imiter leurs vertus ! Pour nous, leurs contemporains et leurs amis, nous n'avions pas besoin de ce touchant témoignage de leur inaltérable attachement. La mort a pu nous les ravir; elle ne nous a pas séparés. Si nous ne pouvons plus serrer leurs loyales mains, nous n'en sommes pas moins avec eux, et nous leur demeurerons fidèles jusqu'à la fin.

Nous les retrouverons parmi vous, mes jeunes et chers confrères, où Bethmont et Liouville ont laissé des fils qu'ils ont trop aimés pour qu'ils ne soient pas dignes d'eux. Leur image est si avant dans nos cœurs, nous sommes si pleins de leurs exemples, si fiers de leur renommée, que nous continuerons leur vie en prolongeant la nôtre ! Non, vous ne vous éloignerez pas, douces et chères ombres, vous serez toujours l'âme de nos travaux, le souffle de notre inspiration, notre force comme notre gloire ! Vous serez associées à nos épreuves, et si jamais Dieu récompense nos efforts par le succès, c'est à vous que notre amitié en reportera l'honneur !

J'aurais fini, mes chers confrères, si la mort qui nous frappe sans relâche ne m'obligeait à reprendre la plume. Pendant ce doux loisir des vacances, plus particulièrement doux pour moi puisqu'il m'a permis de m'occuper de vous, s'éteignait paisiblement, dans sa soixante-seizième année, un avocat que peu d'entre vous ont connu et dont les hommes mêmes de notre génération n'ont pu apprécier à la barre les éminentes qualités. Né à Lauzun, en 1785, M. Charrié, par ses goûts, ses études, ses traditions, appartenait à cette famille élégante et polie de beaux esprits qui projetèrent sur le commencement de ce siècle les brillantes clartés que reflétait encore celui qui venait de finir.

Élève de Bellart, il fut salué à ses débuts comme le continuateur du grand art de Gerbier; il le rappelle, en effet : la noblesse de son langage, la distinction de sa personne, la grâce de

ses conceptions, la richesse de son imagination,
le placent de suite au rang des orateurs. Quelques-uns de ses plaidoyers resteront des modèles. Paris entier s'émut en l'entendant défendre, avec une éloquence véritable, les droits
de Mme la baronne Lesparda revendiquant les
manuscrits de Chénier; et si la cause de l'amitié
et des lettres ne triompha point des rigueurs de la
loi, l'avocat sut lui donner à la fois le charme et la
grandeur qui vengent suffisamment d'une défaite.

Plus heureux en dénonçant à la justice l'audace des loteries étrangères, il eut le courage et
l'habileté de s'élever au-dessus des intérêts de
l'administration qu'il représentait et d'obtenir
au nom de la morale publique une répression
qui profitait à une institution par lui hautement
condamnée. Je pourrais citer plusieurs autres
grandes affaires dans lesquelles il parut avec
autant d'éclat. Cependant ses qualités mêmes
lui permettaient peu de suivre le mouvement
rapide qui déjà transformait les habitudes judiciaires. Il exigeait trop de son style et de sa
pensée pour ne pas travailler avec lenteur. Enfin
sa modestie lui était un obstacle.

Plus désireux de bien faire que de paraître, simple comme un sage, cherchant ses plaisirs dans le commerce d'esprits cultivés, l'étude des lettres et les délicates distractions du monde, il s'éloigna du tumulte qui, de nos jours, est peut-être un peu trop une condition de la vie, et se fit, de bonne heure, une existence calme, intelligente et douce, qui semblait exactement appropriée à sa nature honnête et réservée. Il nous appartenait pourtant par des liens étroits.

Il fut longtemps membre du Conseil de l'Ordre, et, jusqu'à la fin de sa carrière, il eut à cœur de conserver avec ses confrères des rapports affectueux. Conseil de plusieurs administrations, et notamment de celle de la Comédie-Française, il s'y fit remarquer non-seulement par son aimable bienveillance, mais encore par une sagacité pleine de finesse, par une connaissance approfondie de tous les détails spéciaux mis en discussion. Il était parmi nous comme un des derniers représentants des formes et des mœurs d'un autre âge. Son exquise urbanité n'avait rien de banal. On sentait qu'elle avait traversé son cœur, et que la bonté l'inspirait autant que l'instinct des belles manières. Charme rare et précieux ! aujourd'hui trop dédaigné ! La haine prétendue de l'afféterie nous pousse vers une rudesse inculte qui bannit des relations ordinaires la science des ménagements et des égards ! Craignons, mes chers confrères, de faire dans cette voie facile des progrès trop rapides, et pour nous y arrêter à propos, recueillons pieusement les souvenirs et les exemples de ces anciens vénérables qui ont su, comme M. Charrié, concilier l'accomplissement des plus austères devoirs avec la constante aménité qui, en étant la plus haute expression du respect des droits d'autrui, est aussi la meilleure sauvegarde de la dignité personnelle.

Avant de nous séparer de M. Charrié, la mort avait atteint dans nos rangs deux confrères auxquels est dû un mot d'hommage mérité par leurs vertus. M. Charles Favier de Coulomb, qui nous a été enlevé dans un âge avancé, n'a pour ainsi dire jamais paru à la barre. Exclusivement voué aux travaux du cabinet, il a attaché son nom à de remarquables études juridiques qui lui survivront.

Né à Montpellier d'une ancienne famille de magistrats, il eut l'honneur de concourir à la rédaction de nos Codes comme auxiliaire éminemment utile dans le sein des commissions. Successivement juge à Soissons et sous-chef de bureau à la direction des affaires civiles, il prépara plusieurs projets de lois et d'ordonnances, et s'occupa spécialement des offices ministériels.

Aussi, lorsqu'il quitta la Chancellerie pour rentrer au barreau, fut-il associé aux travaux des jurisconsultes qui consacraient leurs veilles à ces questions spéciales. Collaborateur ·de M. Rolland de Villargues, l'un des principaux rédacteurs du *Journal du Notariat*, arbitre et conseil de presque toutes les Chambres de discipline, il fit briller dans un grand nombre d'articles de jurisprudence toutes les richesses de son profond savoir. Ses consultations sobres, claires et savantes ont souvent contribué à d'éclatantes victoires dont d'autres que lui avaient l'honneur. Par un hasard singulier il a signé les deux dernières qu'aient données nos confrères bien-aimés Bethmont et Liouville! comme si la mort qui allait les confondre dans

une commune délivrance voulût s'en prendre à
ce rapprochement fortuit qui, un instant, avait
arrêté sur une même pensée ces intelligences
prêtes à briser leurs entraves !

. Moins heureux que M. Favier de Coulomb, qui
a pu vieillir dans les douces et fortes pratiques
de l'étude, notre confrère Hacquin est tombé
avant le temps, épuisé par la maladie qui avait
brisé ses forces en laissant son courage debout.
Fils d'un avocat estimé de Châlons, orphelin à
dix ans, livré sans fortune aux difficultés de la
vie, il lutta vaillamment et put un instant se
croire assuré du succès. Des miracles d'énergie
lui avaient permis d'arriver à la licence. Reçu
avocat, il trouva un utile secours dans la rédaction des journaux judiciaires, où l'accueillirent
de généreuses et fidèles amitiés. Son caractère
inoffensif et doux, son esprit ingénieux, son
amour du travail, devaient le soutenir et le faire
avancer. En 1848, il fut appelé au poste de
substitut près le Tribunal de la Seine; cet honneur lui fut fatal.

Le pouvoir que donnent les brusques change-
ments politiques est nécessairement précaire. Il

est plus digne de le perdre que de le conserver quand tout change autour de soi. Ainsi le comprit M. Hacquin, qui aurait pu, comme bien d'autres, concilier son origine avec les exigences de ses nouveaux chefs. Il aima mieux la disgrâce. Mais les relations étaient brisées. Qui pourrait peindre l'amertume de ces longues heures de loisir forcé qu'impose au jeune avocat la dispersion de sa clientèle ?

Vous qui avez été les témoins de sa résignation et de sa constance, les consolateurs de ses chagrins, vous ses dévoués camarades, vous pourriez mieux que moi raconter les douloureuses péripéties de ce long sacrifice dont, par un pieux mensonge, vous lui cachiez le dénoûment trop prévu ! Vous avez jeté un dernier sourire sur les ombres de cette nuit mystérieuse qui s'avançait pour l'envelopper ! Vous l'avez sauvé de la défaillance en faisant luire à ses yeux affaiblis un espoir que vous n'aviez plus. Vous garderez sa mémoire comme un symbole de malheur et de vertu, et vous puiserez dans cette noble et touchante leçon le secret du courage et de la fidélité aux devoirs que trace la conscience !

Une perte plus considérable nous était réservée. Il y a quelques jours, M. de Vatimesnil
succombait à de cruelles souffrances supportées
avec la fermeté stoïque d'un chrétien. Il touchait
à sa soixante-onzième année, et si Dieu ne l'eût
frappé au cœur en retirant à son amour une
compagne chérie, sa vigoureuse nature aurait
longtemps encore résisté au mal et à l'âge. C'est
qu'il avait pour soutien une âme forte, une intelligence saine et droite, un volonté puissante.
Ces biens inestimables étaient la noble hérédité
qu'il tenait de sa famille.

Son père, conseiller au parlement de Norman-
die, lui fit donner dans sa maison, par les soins
d'un vénérable ecclésiastique, une éducation
austère qui imprima à toute sa vie un caractère
particulier de sévérité. A peine connut-il l'ado-
lescence. Son talent, empreint d'une saveur
virile peu ordinaire, lui ouvrait les rangs de la
magistrature; à vingt-deux ans, il était nommé
conseiller-auditeur à Paris; à vingt-cinq, substitut du procureur du roi; à vingt-sept, il repa-
raissait à la Cour comme substitut du procureur
général; à trente-deux, il était appelé par

M. de Peyronnet au secrétariat général du ministère de la justice, qu'il quittait deux ans après pour occuper le siége d'avocat général à la Cour de cassation. La chute du ministère de Villèle lui préparait les plus hautes et les plus périlleuses destinées.

Le portefeuille de l'instruction publique, qu'il reçut le 10 février 1828, le fit asseoir dans le conseil qui, sous l'inspiration de M. de Martignac, essaya loyalement de conjurer la tempête qu'un fol entêtement allait déchaîner sur la royauté. M. de Vatimesnil mit au service de cette entreprise une ardeur, une décision, qui purent surprendre quelques-uns de ses anciens amis, mais dont nul ne suspecta la franchise. Il fut le promoteur des ordonnances célèbres qui plaçaient l'enseignement des petits séminaires sous le contrôle de l'État.

Les attaques factieuses dont cet acte d'autorité nécessaire fut l'objet n'ébranlèrent pas sa résolution; mais elles furent une des causes de l'avénement du ministère Polignac. M. de Vatimesnil abandonna le pouvoir avec le double regret de laisser d'utiles réformes inachevées et de n'avoir pu sauver le trône. Déjà l'abîme s'entr'ouvrait. La chambre des députés déclara fièrement une guerre que le monarque accepta. M. de Vatimesnil, élu après sa retraite par deux colléges à la fois, signa l'adresse des 221, qu'on peut justement appeler l'arrêt de déchéance de la branche aînée.

Pour se faire une idée des passions qui embrasaient les âmes à cette heure suprême, il faut lire les discussions qui précédèrent ce vote mémorable. Un orateur, nouveau dans cette assemblée, célèbre déjà par ses triomphes judiciaires, rivalisa vainement d'éloquence, de courage et de foi. L'incomparable athlète ne pouvait pas par son prodigieux effort faire reculer le destin qui marquait de mort le principe du droit divin. Ce jour-là son adversaire, M. de Vatimesnil, défendait la cause de l'avenir, et si son cœur souffrit des conséquences de sa victoire, sa raison et sa conscience le consolèrent par la certitude que la vérité était avec lui.

Il conserva son siége à la chambre jusqu'en 1834. Rendu à cette époque à là vie privée, il revint au barreau, où l'appelaient les souvenirs et les études de sa jeunesse. Il y parut avec éclat. L'autorité de son nom, la vigueur de son talent, lui conquirent bientôt une vaste clientèle. Il prit place dans le Conseil de l'Ordre, et quand il renonça à la plaidoirie à la suite d'un incident où il montra une véritable grandeur d'âme, peut-être mal appréciée, il consacra ses loisirs à des consultations qui toutes portent l'empreinte de son vaste savoir et des merveilleuses qualités de son esprit. En 1849, il reparut sur la scène politique comme représentant à l'Assemblée législative, et l'on put se convaincre que l'âge, sans rien diminuer de son ardeur, n'avait fait qu'accroître son éminente aptitude.

Le coup d'État de 1851 termina sa carrière publique, car, cédant à des convictions auxquelles il est demeuré fidèle jusqu'à la fin, il se retira même du conseil général, dont son père et lui avaient toujours fait partie, et retourna, sans regret, à ses travaux judiciaires, à ses champs qu'il aimait, à sa famille dont il était justement vénéré.

C'est dans ce milieu paisible que la mort est venue à lui. Il l'a envisagée avec un front serein, illuminé déjà des célestes clartés, et de sa bouche défaillante sont tombées sans apprêt et sans effort de touchantes et sublimes paroles que ses enfants ont recueillies avec un pieux respect. M. le curé de Saint-Thomas-d'Aquin, qui l'assistait, lui ayant demandé s'il pardonnait à ceux qui l'avaient offensé, il répondit :

« Oui, si quelqu'un m'a offensé, je lui pardonne de tout mon cœur, et moi aussi je demande pardon à tous ceux que j'aurai pu offenser. Si j'ai commis quelque erreur dans ma vie privée ou publique, j'en demande pardon à Dieu, et ici je veux parler d'une circonstance solennelle que je n'ai pas besoin de rappeler ; elle est présente à la mémoire de chacun. Si alors j'ai pu agir contre les intérêts de l'Église, je ne l'ai pas voulu ; j'ai consulté, j'ai éclairé ma conscience ; si je me suis trompé, j'en demande pardon à Dieu et aux hommes ; *mais je ne le crois pas*, et je n'ai voulu, en cela, que sauver les intérêts de la religion et de mon vieux roi, le bon et loyal Charles X. »

N'estimerez-vous pas comme moi, mes chers confrères, que la persévérance de cette âme d'élite en face de l'éternité est à la fois un grand spectacle et un utile enseignement? L'humilité du chrétien n'affaiblit pas la conviction de l'homme politique, et sa main à moitié glacée signerait encore les actes qui ont marqué sa vie. Qu'ils méditent ces paroles ceux qui rêvent le retour d'une suprématie à jamais condamnée, et qu'ils cessent de considérer comme une œuvre de passagère ambition la pensée réfléchie et convaincue de l'homme éminent qui, sans le savoir peut-être, préparait l'avénement des destinées nouvelles que notre siècle verra s'accomplir.

Pour nous, en face de ces tombes où sont venus se perdre tant de rares trésors de l'intelligence et du cœur, loin de nous abandonner au découragement, apprenons à élever nos âmes et à nous rendre dignes des exemples que nous ont laissés nos illustres devanciers.

La mort qui brise nos périssables organes n'est qu'une initiation à une vie supérieure, et l'immortalité dont elle nous couronne se révèle à notre esprit sans le secours d'aucune fiction. Ne vivent-ils pas en nous ceux que nous avons aimés et admirés? ne sommes-nous pas leurs continuateurs? ne devons-nous pas transmettre à ceux qui nous suivront, accru par notre labeur, l'héritage de science, de moralité, de civilisation qu'ils nous ont laissé? Tâche sublime à laquelle concourent les efforts les plus ignorés! Dévouons-nous-y, chacun à la mesure de nos forces, et soyons sûrs que cette sainte coalition de généreuses et libres aspirations ne sera pas sans profit pour le triomphe définitif du droit et de la grandeur de notre chère patrie.

4

ALLOCUTION

PRONONCÉE

DANS LA SÉANCE DE CLOTURE

DES CONFÉRENCES DU STAGE

le 5 août 1861

MES CHERS CONFRÈRES,

Voici l'heure du repos, heure douce entre toutes et à tous les âges de la vie, lorsqu'elle n'est qu'une halte dans le travail. Heure des rêves, où l'homme de lutte et d'étude dépose sa chaîne et jouit du bien le plus précieux en ce monde, de la liberté. Cette inflexible loi du devoir, qui chaque jour le tient en haleine en lui montrant la tâche du lendemain, l'arrête et lui décrète des loisirs. Heureuse et charmante contrainte que la sagesse de nos pères nous a imposée comme pour retremper nos esprits dans

le recueillement de la méditation, les rafraîchir
par de saines distractions, les élever par le commerce trop négligé de la nature. C'est le calme,
c'est la fantaisie, c'est l'infini, qui s'ouvrent
devant nous pendant cette trêve bénie, et plus
justement que le poëte de Rome, nous pouvons
nous écrier :

> Nunc pede libero,
> Pulsanda tellus... sodales.

Oui, en secouant pour deux mois ce joug
nécessaire d'un rude labeur, chacun de nous
se sent léger et comme transfiguré. Tout nous
sourit et nous enchante. Loin du tumulte des
affaires, nous allons savourer les ineffables voluptés d'une vie dont nous disposerons seuls.
Nous aimerons, nous penserons, nous admire-
rons à notre aise, sans mesurer d'un œil inquiet
la marche de l'aiguille qui ne marquera plus
que nos plaisirs. Nous reprendrons les livres
aimés et les sentiers pleins de souvenirs, et soit
que nous interrogions les enseignements du
passé, soit que, penchés sur le mystérieux abîme
de l'avenir, nous cherchions à deviner ses secrets, nous pourrons nous abandonner au caprice

de notre imagination et au libre mouvement de notre cœur.

Autrefois quand, pour me servir du vieux langage, Thémis fermait les portes de son temple, tous ses ministres couraient aux champs. Chacun y avait sa retraite préférée, où il retrouvait l'indépendance et la paix. C'est qu'il existe entre la terre et l'homme une forte et naturelle attraction, source de jouissances pures et profondes qui, à la différence de presque toutes les autres, défient et charment la vieillesse. C'est le calme bienfaisant qui apaise, l'intérêt de chaque détail, l'illusion de la puissance créatrice qui s'attribue le mérite de résultats souvent contrariés par elle ; enfin, et par-dessus tout, ce bonheur intime, doux, pénétrant, que donne la contemplation de la campagne sur laquelle la main libérale de l'auteur de toutes choses a répandu à profusion la prodigalité de ses merveilles.

> At secura quies, et nescia fallere vita,
> Dives opum variarum ; at latis otia fundis,
> Speluncæ, vivique lacus; at frigida Tempe
> Mugitusque boum, mollesque sub arbore somni.

Ainsi le comprenaient ces vaillants athlètes

qui s'empressaient de quitter l'arène pour se cacher sous leurs ombrages. Ils s'y livraient aux nobles et délicates joies de la famille, de l'amitié, de l'étude. Car, dans leurs délassements virils, ils faisaient à l'esprit une large part. Leurs promenades et leurs exercices étaient une préparation à la lecture, et, par elle, ils revenaient au commerce des beaux génies qui demeureront toujours nos modèles. Doucement agitée par ces paisibles émotions, leur âme se fortifiait aux enseignements élevés de la philosophie, en même temps que tout leur être captivé subissait les irrésistibles séductions de la nature à laquelle ils s'abandonnaient. Sans doute, c'est pour l'homme une grande et légitime satisfaction de concevoir et d'accomplir de vastes desseins, de dominer et de conduire par sa pensée la foule confiante et subjuguée, de soulever des tempêtes à la tribune aux harangues, et d'y arracher à un frémissant auditoire des applaudissements passionnés.

Hic stupet attonitus rostris, nunc plausus hiantem,
Per cuneos geminatus enim plebisque patrumque,
Corripuit . . . .

Mais ne sentons-nous pas tous, comme le chantre divin auquel j'emprunte cette incomparable peinture d'éternelles vérités, qu'il est en nous un besoin plus impérieux encore? L'effort de notre puissance si misérable et si limitée ne nous ramène-t-il pas sans cesse à nous replier sur nous-mêmes, à nous réfugier au sein du grand tout qui nous absorbe et substitue à notre individualité la perception de l'infini; oui, la science nous appelle, le monde s'ouvre à nos investigations, l'histoire nous éclaire; dans notre folle ardeur, nous croyons pouvoir tout connaître, et, dès les premiers pas, nous nous heurtons à d'insondables mystères; et pour nous arracher au découragement, à la défaillance, la poésie et la nature viennent à notre aide et nous consolent par leurs enchantements tout pleins de graves leçons. Écoutez : il y a deux mille ans, ces sentiments remuaient un grand cœur, il les traduisait par cette inimitable harmonie, qui, jusqu'à la fin des intelligences, retentira au milieu du recueillement attendri des générations :

> Sin has ne possim naturæ accedere partes,
> Frigidus obstiterit circum præcordia sanguis;

Rura mihi et rigui placeant in vallibus amnes :
Flumina amem silvasque inglorius. O ubi campi,
Sperchiosque et virginibus bacchata Lacænis
Taygeta ! ô qui me gelidis in vallibus Hæmi
Sistat, et ingenti ramorum protegat umbra !

Ah ! mes chers confrères, mes élèves bien-aimés, en relisant pour vous, hier, ces pages adorables, mes yeux se mouillaient de douces larmes. Je reconnaissais, à travers les âges, la voix du maître que nous ne saurions jamais assez écouter ! Que rien ne vous soit étranger, que vous ne repoussiez point les richesses de la littérature moderne, j'y consens ; mais si vous vous souvenez un peu de moi, toujours vous reviendrez aux anciens ; là est la forte substance, le miel divin, le généreux et puissant breuvage, la vraie nourriture des âmes d'élite. Je ne veux rabaisser aucun siècle, mais à mon avis nul n'a su rendre le beau, le vrai, l'éternel avec la grandeur et la simplicité qui éclatent dans les œuvres que je recommande à votre étude et à votre admiration.

Elles me remettent en mémoire une touchante anecdote, qui peint mieux que je ne pourrais le

faire l'influence souveraine exercée sur nous par
les lettres. Un jeune fils de famille, entraîné par
la fougue d'une imagination ardente, s'était, au
sortir du collége, jeté dans les aventures d'une
vie dissipée. Elle le conduisit bientôt sous les
drapeaux, où, un instant, il sembla braver les
rigueurs de la discipline militaire. Cette lutte
brisa ses forces et le mit aux portes du tombeau.
Il résista cependant, et convalescent dans un lit
d'hôpital, il se laissait aller un jour à de mor-
telles tristesses, lorsqu'un prêtre, homme de
tact et qui avait deviné cette généreuse nature,
mit dans sa main un exemplaire de Virgile. Le
malade ouvrit ce livre et, à la vue de cette
poésie, aliment et charme de sa jeunesse, il
éclata en sanglots. Le ministre de Dieu lui ouvrit les bras. Cette forte commotion l'avait sauvé,
en lui rappelant ses études abandonnées, ses
devoirs délaissés. Rendu à la santé, il déposa
son épée, se consacra courageusement au travail
et prit au barreau, dans une de nos villes de pro-
vince, une place considérable où il put faire briller
les nobles qualités de son esprit et de son cœur.

Demeurez donc fidèles à ces illustres compagnons de vos premières années. Vous leur devez beaucoup, ils vous récompenseront de votre constance en vous rendant meilleurs et plus forts. Ils peuvent vous suivre, même dans vos courses lointaines, et c'est à vous particulièrement que je m'adresse, intrépides voyageurs, attirés par la nouveauté de lieux inconnus, dévorant déjà par le désir les espaces qui vont s'ouvrir devant vous. Grâce aux prodiges de la science et de l'industrie, le monde est à vous, et vous pouvez dire, sans témérité, comme le sublime orgueilleux de la Fable :

Quousque non ascendam?

Les montagnes abaissées, les vallées comblées, les fleuves franchis, le globe entier assoupli sous un ruban de fer qui sillonne ses flancs, l'Océan dompté, toutes ces merveilles vous sollicitent : la vapeur bouillonne et frémit jusqu'à ce que, docile à la main de l'homme, elle vous enlève sur ses ailes de feu. En quelques heures, vous serez loin de nous : les uns gravissant les sauvages solitudes des Alpes, admirant la silencieuse majesté de leurs forêts de sapins et de

leurs glaciers gigantesques; les autres trouvant
avec moins de peine, près de nous, dans notre
France si belle et si variée, des paysages aussi
splendides; ceux-ci cherchant de grands souvenirs et de fortes émotions au berceau même de
notre civilisation, dans ce jeune royaume d'Italie,
où le magique éclat des arts se mêle à la gloire
de nos armes, au rayonnement de la liberté qui,
je l'espère, achèvera bientôt son œuvre; ceux-là
interrogeant d'un œil attentif les mœurs naïves
de la vieille Allemagne, qui s'agite aussi pour
secouer le linceul usé de la diplomatie et devenir
une puissante et libre nation; tous enfin entraînés par la soif de connaître, et se livrant sans
contrainte aux honnêtes plaisirs d'une vie de
mouvement et de rapide observation. Eh bien!
si pleine qu'elle soit, cette vie aura ses loisirs,
sur lesquels Horace ou Virgile, cachés dans le
havre-sac du voyageur, répandront un charme
d'autant plus vif que vous converserez avec eux
dans les grands bois d'oliviers de Tibur, au pied
d'un château fort suspendu au-dessus du Rhin,
ou sur les grèves désertes où la mer vient se
briser en mugissant. Partout aussi où le hasard

vous conduira, vous remarquerez à quel point
les institutions sociales d'un peuple impriment
un caractère particulier à la nature au milieu de
laquelle il vit. Souvent emporté à travers nos
campagnes, autrefois par le galop des chevaux,
aujourd'hui par le tourbillon de la vapeur, j'ai
reconnu l'empreinte du Code civil à la bigarrure
de nos champs, témoignant, par la variété de
culture de chaque parcelle, la puissance du
principe sur lequel repose notre égalité civile.
C'est qu'il est vrai de dire que le droit est partout, même dans le paysage, quand la main de
l'homme y a touché. Les sérieuses pensées s'u-
niront ainsi à vos innocentes joies de voyage.
Vous nous reviendrez riches d'impressions nouvelles, dispos au travail, préparés à de puissants
et féconds efforts auxquels j'applaudirai avec
bonheur. Allez donc et recevez ces adieux que
me fournit encore notre poëte aimé :

> Te fratres Helenæ lucida sidera
> Ventorumque regat pater,
> Obstrictis aliis præter Iapyga.

Que les destins vous soient propices, qu'ils
vous donnent un repos profitable et doux, qu'ils

tiennent enchaîné le souffle pernicieux de la douleur et des soucis, mais qu'ils laissent quelquefois à vos heures de solitude et de recueillement
glisser jusqu'à vos cœurs le souvenir d'un ancien
qui vous aime et dont les loisirs vous seront
consacrés.

DISCOURS

PRONONCÉ

A L'OUVERTURE DE LA CONFÉRENCE

le 16 novembre 1861

Quand, après deux mois de loisirs ardemment désirés, le devoir nous ramène à nos travaux accoutumés, si le sacrifice de notre liberté, si l'abandon de nos études préférées nous coûte un pénible effort et d'involontaires regrets, nous en sommes largement dédommagés par le retour aux douces habitudes de cette confraternité qui est une des plus précieuses prérogatives de notre chère profession. C'est elle qui nous accueille et nous sourit au seuil de ce Palais, où nous attendent de rudes épreuves et de sévères labeurs. Et tout de même que, par un secret qui lui est propre, elle saura tempérer la vivacité de nos

luttes, elle nous attire par son expansion fami-
lière, affectueuse, charmante, et donne ainsi à
nos relations réciproques une cordialité particulière qu'on chercherait vainement ailleurs. Le
sentiment qui l'inspire ne pouvait être connu des
anciens. Ingénieux, fidèles et tendres dans leurs
amitiés dont ils nous ont laissé de si éloquentes
peintures, ils ne s'étaient point élevés à la conception d'un lien formé uniquement par la communauté d'obligations et de travaux. Cette notion
appartient au christianisme, vivifiant toutes les
actions de l'homme par l'amour et la foi. Elle se
manifeste puissamment au moyen âge, et con-
tribue, plus qu'on ne le pense communément, à
tenir la force brutale en échec, à préparer la
résurrection de la liberté. C'est ainsi qu'elle nous
a été transmise, c'est ainsi que, se modifiant
avec les mœurs, elle s'est fortifiée à mesure que
l'idée du droit se dégageait des obscurités dont
l'ignorance et l'oppression l'enveloppaient. Notre
confrérie n'est donc pas seulement la religieuse
héritière des traditions passées : l'esprit nouveau
l'anime et l'éclaire. Sa grandeur véritable est
dans son infatigable dévouement à rechercher

ce qui est juste, à défendre ce qui est légal.
Ceux qui consacrent leur vie à l'accomplissement
de cette mission sentent nettement qu'ils forment
dans l'État une corporation dont la première loi
est une étroite solidarité.

Se respecter et s'aimer les uns les autres,
prévenir soigneusement, par une affectueuse
tolérance, le choc inévitable de naturelles susceptibilités ; exagérer dans chaque détail les
scrupules de la délicatesse et de la loyauté ;
s'entr'aider et se soutenir dans les épreuves ;
fuir comme dangereux et mortel un succès obtenu
au prix de l'humiliation d'un adversaire ; applau-
dir au talent d'un rival ; s'unir enfin par une
intime et forte ligue, celle des intelligences et
des cœurs, pour combattre l'arbitraire et l'ini-
quité : c'est là ce que j'appelle être confrères ;
c'est ainsi que je résume les nobles règles qui
gouvernent notre Ordre et que je me suis appliqué à maintenir autant qu'il a été en moi, pendant cette première année d'un exercice que
votre confiance et votre affection m'ont rendue si
douce et si facile.

La récompense de mes efforts serait de n'être

point demeuré tout à fait au-dessous de cette tâche. Appelé pour la seconde fois, conformément à nos usages, à l'honneur de présider cette assemblée, je voudrais trouver des paroles qui vous exprimassent, à vous tous mes confrères, ma reconnaissance profonde et mon sincère attachement. Impuissant à les rendre comme je les sens, j'aime mieux une fois encore profiter de cette occasion solennelle pour m'entretenir avec vous de nos communs devoirs, et mettre, s'il se peut, en lumière quelques-unes des vérités simples sur lesquelles reposent la grandeur et la force de notre profession.

Nous l'avons l'année dernière envisagée dans ses manifestations extérieures, et nous avons reconnu tout ce qu'elle avait à gagner au culte sévère de la forme ; je voudrais aujourd'hui pénétrer plus avant dans son intimité, étudier ses secrets ressorts, et me rendre compte des conditions morales auxquelles l'avocat doit son autorité, l'orateur son prestige ; ou je me trompe fort, ou nous tirerons de cet examen d'utiles leçons.

Entrons donc ensemble, et sans plus de façon, dans la maison où nous allons surprendre leur

travail sur le fait. Je la voudrais grave et modeste. Les lieux que nous habitons trahissent les
dispositions de notre âme. Le faste et la frivolité
ne sauraient convenir à une existence sérieuse.
Ceux qui en feraient une enseigne descendraient
au niveau des bateleurs. Leur exemple corrup-
teur précipiterait la jeunesse dans une voie per-
nicieuse. Qu'elle en croie mon expérience, le
succès va au mérite, non à l'étalage. Qu'elle
prenne donc son point d'appui dans le savoir et
la vertu, et non pas dans les faux brillants d'un
luxe dont le moindre inconvénient est trop souvent de dévorer les meilleures ressources de
l'avenir !

C'est un grand moraliste du XVIIe siècle qui
lui enseigne ce que doivent être ses préoccupations : « La fonction de l'avocat, dit La Bruyère[1],
est pénible et laborieuse... Sa maison n'est pas
pour lui un lieu de repos et de retraite, ni un
asile contre les plaideurs ; elle est ouverte à tous
ceux qui viennent l'accabler de leurs questions
et de leurs doutes... ; il se délasse d'un long

1. *Caractères*, chap. xv, *De la Chaire*.

discours par de plus longs écrits : il ne fait que changer de travaux et de fatigues. J'ose dire qu'il est dans son genre ce qu'étaient dans le leur les premiers hommes apostoliques. »

Ces fortes expressions ne sont point exagérées, et celui qui ne les prend pas au pied de la lettre n'a point la véritable intelligence de ses devoirs. Dans ce logis simple dont les livres sont le principal ornement, l'avocat attend, sans jamais les rechercher, ceux qu'attireront à lui sa bonne renommée, l'éclat de ses débuts, son zèle pour les malheureux, le scrupule consciencieux qu'il apporte aux travaux qui lui sont confiés. Le nombre en augmentera d'autant plus vite, qu'il se fera une obligation plus rigoureuse de l'assiduité. Le respect pour le public avec lequel il entre en communication m'a toujours paru l'une des premières et des plus importantes applications de la loi de dévouement qui lui est imposée. Ce sont ceux qui souffrent qui viennent à nous. Que notre accès leur soit toujours facile, et qu'en touchant notre seuil, ils reconnaissent leur domaine, dont les puissants de la terre ne sauraient leur interdire le refuge !

C'est avec ce sentiment élevé, généreux, que l'avocat doit accueillir tous ceux qui réclament ses conseils. Il y puisera la douceur qui rassure, la patience qui encourage, l'attention qui éclaire, et par-dessus tout l'ascendant salutaire qui commande la déférence et la soumission. Ainsi deviendra-t-il, dans le sens excellent du mot, le patron de son client, et s'il n'obtient ces résultats qu'au prix d'efforts et de contrainte, combien n'en est-il pas tout d'abord récompensé par le singulier attrait qu'il y trouve ! Quelle source féconde d'observations, d'études, d'émotions variées ! J'ai fréquemment rencontré dans le silence du cabinet des effets dramatiques, des coups inattendus, des cris éloquents de la passion ou des rapprochements comiques d'une telle puissance que je regrettais de ne pouvoir les noter au passage. C'est que la nature humaine se montre à nous sans déguisement.. Le souffle de l'intérêt personnel en soulève les voiles et en met à nu les faiblesses et les vices. Nous voyons se produire dans leur ingénuité les emportements de la haine, les bassesses de la convoitise, les artifices de la duplicité. En revanche, que d'héroïsmes cachés à tous les yeux se révèlent aux nôtres! combien de douleurs saintement dissimulées sont devinées par nous! que d'ineffables sacrifices obscurément accomplis et dont il nous est donné de juger l'inestimable mérite! Cette perpétuelle analyse des sentiments et des pensées est certainement le plus curieux et le plus instructif des enseignements. S'il nous humilie par le spectacle de nos misères, il nous rend miséricordieux et tolérants, et en nous offrant l'inexplicable contraste du néant et de la grandeur de l'homme, il nous ramène à l'infini, dont nous sortons pour nous y perdre bientôt, après avoir traversé la courte halte de cette vie où tout, à commencer par nous-mêmes, nous est obscurité, contradiction et mystère.

Mais ce n'est pas pour s'arrêter à ces solitaires contemplations que l'avocat assiste aux péripéties de la comédie humaine. Son rôle pratique y est à l'avance déterminé. Il est le médecin de l'âme. A lui appartient la tâche délicate de résoudre les difficultés, de fixer les incertitudes, d'indiquer la route de la vérité, plus encore celle d'apaiser, de consoler, de fortifier. D'une main douce et

ferme, il sonde les plaies secrètes du cœur, il
calme les tourments des consciences troublées ;
il lui suffit d'un mot, d'un regard, pour découvrir ce que la pudeur ou la honte lui dérobe à
demi ; c'est bien de lui qu'on peut dire que rien
ne lui est étranger de ce qui touche l'homme.
Il compatit à toutes les souffrances, il relève
les courages abattus, il fait briller le sourire
de l'espérance au travers des larmes, et se
trouve-t-il en face d'une douleur sans remède,
il sait encore en adoucir l'amertume par une
bonne parole, par une invocation à un sentiment
élevé.

L'accomplissement de cette noble mission
exige une disposition essentielle sans laquelle
toutes les autres qualités seraient superflues.
Cette disposition, c'est la bonté : la bienveillance
n'en est que la forme extérieure ; elle est sans
doute très-précieuse. Je demande plus à l'avocat : je lui veux le fond ; il lui est indispensable
pour rendre son action complète et durable.
Jean-Jacques l'a dit avec raison :

« On peut résister à tout, hors à la bonté ;
et il n'y a pas de moyen plus sûr d'acquérir

l'affection des autres que de leur donner la sienne. »

Rien ne peut rendre la force que puise l'avocat dans ce sentiment voué par lui à ceux qui revendiquent son patronage. Il leur donne vraiment une part de la substance la plus épurée de son être ; il n'a en vue ni le lucre ni même la gloire quand il tressaille, quand il s'irrite, quand il s'inquiète avec eux ; il les aime ; et plus son âme se pénètre de cette noble chaleur, plus il est puissant. C'est le cœur qui féconde l'esprit, c'est lui qui entraîne les hommes et remue les empires.

Quelques-uns, je le sais, m'accuseront d'exagération chevaleresque et vous répéteront les lieux communs ordinaires sur l'ingratitude des clients. Si tous étaient reconnaissants, l'humanité serait parfaite, et nous n'en sommes point encore là. Je suis loin de nier le mal. Il nous offense d'autant plus que nous le comprenons moins, et l'oubli d'un service rendu choque notre raison autant que notre cœur. Mais à côté d'actes trop nombreux qui nous blessent, combien ne rencontrons-nous pas, en échange de notre zèle, de dévouements sincères, de confiances absolues, d'affections naïves, souvent exaltées! Pour moi, c'est dans ma profession que j'ai conquis mes meilleures, mes plus douces amitiés. Si quelquefois j'ai été surpris et peiné par une coupable indifférence, presque toujours, je le déclare, j'ai obtenu la récompense que j'ambitionnais davantage, cette vive effusion de l'âme témoignant mieux que toutes les paroles l'émotion d'un sentiment profond. Plusieurs de mes clients m'ont consolé de la perte de leurs procès. Dans les crises politiques que j'ai traversées, j'ai vu venir à moi, en secret, mettant à ma disposition leurs bras ou leur bourse, des hommes que la reconnaissance seule conduisait. Il n'est pas d'avocat qui après un long exercice ne sente qu'il a recueilli, au lieu de vains trésors, l'affection, le respect, l'attachement d'un grand nombre de cœurs qui conservent son souvenir et sur lesquels sa pensée se repose doucement. Et d'ailleurs, mes chers confrères, tout cela ne fût-il qu'illusion, il faudrait encore se réfugier dans le culte désintéressé du bien, et répéter ces charmantes paroles que j'emprunte à une femme éminente :

« Le parti le plus court dans toutes les affaires de la vie, celui qui ne nous laisse aucun regret, c'est de se livrer à sa bonté, sans trop examiner si les autres en sont dignes ou s'ils en seront reconnaissants. »

Et si, dans nos rapports avec nos clients, la bonté devait être une exception, les pauvres auraient le droit d'en réclamer le privilége. Notre Ordre leur a toujours été secourable. Mais ce n'est point assez de les conseiller et de les défendre, il faut les honorer, il faut effacer par nos égards la distance que l'injustice du sort a mis entre eux et nous. C'est à eux que nous devons surtout la patience et la douceur. Que dans les fastueuses demeures des heureux du siècle leur présence paraisse un outrage à la prospérité triomphante, je le comprends ; elle est, près de nous, le vivant symbole de la fraternité légale et chrétienne dont nous sommes les adeptes ; soulager leurs maux, redresser leurs erreurs, les soutenir dans le chemin de la vie qui n'a pour eux que des écueils, n'est-ce pas la conséquence naturelle et forcée de nos principes et de nos croyances ? et ne serions-nous pas coupables de

ne pas mettre tout ce que nous avons de bonté
à l'accomplissement de ce devoir si impérieux?

Après eux ou avec eux, si vous le voulez,
viennent les faibles et les opprimés, qui ne vous
invoquent jamais en vain. Et pourquoi ne dirais-
je pas un mot spécial des femmes que des
malheurs domestiques ou des embarras de fortune obligent à surmonter la timidité de leur
sexe et à recourir à nos lumières? On ne songe
point assez aux injustices dont les accable une
société inexorable dans ses préjugés et ses passions. Exposées à mille périls, ayant à redouter
la bienveillance autant que le dédain, entourées
de flatteries intéressées, de fausses amitiés, de
perfidies déguisées, elles ne savent à qui se con-
fier et comment se conduire. Victimes des mœurs
et des lois, elles ne sentent l'insuffisance de leur
éducation que lorsqu'il n'est plus temps d'y
remédier, et quand des événements auxquels
elles ne sont jamais préparées placent en leurs
mains inexpérimentées un pouvoir dont elles
sont incapables d'user. Cette situation pleine
d'angoisses est naïvement peinte dans une lettre
de la mère de saint Chrysostome, dont je vous

demande la permission de vous citer un fragment :

« Mon fils, lui écrit-elle, Dieu vous rendit orphelin et me laissa veuve plus tôt qu'il n'eût été utile à l'un et à l'autre. Il n'y a point de cœur qui puisse vous représenter le trouble et l'orage où se voit une jeune femme qui ne vient que de sortir de la maison paternelle, qui ne sait point les affaires, et qui, le jour même où la volonté divine la plonge dans la plus grande désolation qui soit au monde, se voit forcée de prendre de nouveaux soins dont la faiblesse de son âge et celle de son sexe sont peu capables. »

Ces lignes touchantes sont encore vraies aujourd'hui. Enivrées par nous d'hommages et d'adulations tant qu'elles sont heureuses, les femmes ne sont, au moment des revers, efficacement protégées ni par les institutions, ni par l'opinion. C'est alors que leur est nécessaire un dévouement loyal et généreux. Elles l'ont traditionnellement trouvé dans notre Ordre, qui doit s'enorgueillir du titre que lui décerne un dicton populaire, en le nommant le défenseur de la veuve et de l'orphelin. Que la malice nationale, qui tourne tout en ridicule, épuise sur ce texte ses innocentes épigrammes, nous ne saurions beaucoup nous en émouvoir. Les bons mots n'ont pas de prise sur le devoir, et le nôtre est assez grand pour les défier. Quoi de plus beau que d'être désignés comme les tuteurs officieux de la faiblesse, de la garantir contre d'injustes agressions, d'arracher pour elle à la ruse, à la cupidité, un patrimoine qui deviendra à la fois le gage de la dignité et du bien-être de la mère, le levier puissant ouvrant à l'enfant l'entrée d'une carrière où il pourra servir et honorer son pays?

Consacrons donc aux intérêts des femmes un zèle infatigable, et que sa première expression soit un respect inaltérable dont nous devons sans cesse les environner. Ce qui semblerait un excès ailleurs, est ici une obligation. Notre cabinet est un sanctuaire. La femme qui en franchit le seuil n'y doit entendre que des discours graves et décents, et précisément parce qu'elle s'abandonne avec confiance, elle doit trouver la protection constante des délicatesses de notre honneur. La transgression de ces règles serait plus

qu'une faute professionnelle, elle aurait le
caractère d'une lâcheté. Leur scrupuleuse obser-
vance ajoute au contraire à l'autorité naturelle
de l'avocat je ne sais quel attrait réservé, contenu,
qui donne à ses avis plus de force et d'onction.
Sans doute, notre langage, nos sentiments mêmes, se modifient toujours, dans une certaine
mesure, par la manière d'être de celui avec
lequel nous sommes en relation, et les femmes
qui réclament notre ministère sont loin de toutes
se ressembler. Soyez sûrs, cependant, que toutes
elles ont ce côté commun, qu'elles seront également touchées par nos égards et notre bonté.
Celles qui les méritent nous sauront gré de leur
rendre justice, les autres regretteront de n'en
pas être tout à fait dignes, et relevées à leurs
yeux par notre indulgence, elles se trouveront,
sans le savoir, disposées aux bonnes inspirations
auxquelles notre ingénieuse bienveillance pré-
parera leur cœur.

Ce commerce intime et quotidien de l'avocat
avec ses clients lui fournit l'incessante occasion
d'exercer son esprit et de faire le bien. En même
temps, elle est pour lui l'initiation indispensable

à l'étude sérieuse et complète de ses affaires. Outre qu'il est de devoir étroit d'entendre les explications du plaideur, on y puise toujours d'utiles enseignements. Mais cet examen est d'autant plus profitable, qu'on y apporte davantage les qualités spéciales qu'il réclame.

Les maîtres se révèlent plus encore dans le cabinet qu'à l'audience. C'est là que brillent les éclairs de leur vive conception. C'est là que leur sagacité puissante illumine l'obscurité des questions les plus confuses ; c'est là surtout que s'épanchent librement leurs âmes et que se formulent, avec l'austérité d'une mâle franchise, des jugements soudains dictés par l'amour de la vérité et les scrupules de la conscience. Que de fois on sollicite de leur savoir les moyens habiles d'assurer le succès d'une combinaison suspecte ! Prompts à deviner le piége, incapables d'un détour, ils tiennent moins à contenter qui les consulte qu'à se respecter eux-mêmes, et leurs conseils portent toujours l'empreinte de cette droiture simple et presque candide qui forme comme le fondement de leur nature.

Vous suivrez ces nobles traces, mes chers confrères, et vous n'oublierez jamais que notre condescendance vis-à-vis d'un acte mauvais en serait la complicité. Nous avons charge d'âmes. Souvent un avis sage, une observation ferme, une parole honnête, soutiennent celui qui chancelle sous le poids d'un méchant dessein. Une lâche complaisance eût précipité sa chute. La grandeur véritable de notre ministère est moins dans son éclat que dans sa moralité. Nous ne valons que par le droit dont nous sommes les défenseurs. Le déserter, c'est nous anéantir ; le trahir, nous déshonorer. Or, quelle félonie plus détestable que celle qui s'accomplit dans l'ombre et se cache sous l'irresponsabilité d'un conseil dont l'auteur est inconnu ! L'avocat ne doit jamais perdre de vue l'idée du juste planant au-dessus des intérêts qui lui sont confiés. Tout système qui la blesse est indigne de lui. Dédaignant les subtils artifices et les moyens équivoques, il aime mieux paraître moins habile et rester toujours vrai ; c'est pour lui que La Bruyère a écrit que « la finesse est haïssable comme l'occasion prochaine de la fourberie. »

Ces principes le guident encore dans le travail

toujours si important de la préparation de ses
causes. Ce n'est point assez, en effet, de conférer
avec les clients, d'étudier soigneusement leurs
dossiers ; ces préliminaires indispensables nous
donnent la connaissance des détails essentiels,
la classification des questions principales, l'esprit
général de la défense. Ce n'est là qu'une ébauche,
et l'œuvre ne commence que lorsqu'elle reçoit
l'empreinte originale de celui qui l'a conçue. Et
tout de même que la pensée de l'artiste se précise et s'ennoblit lorsque, le pinceau ou le ciseau
à la main, il poursuit avec ardeur l'idéal dont
le type divin se reflète en lui, tout de même
aussi par le puissant effort de la méditation soli-
taire et recueillie l'avocat voit se dégager peu à
peu et lui apparaître vivantes, animées, de saisissantes images s'enchaînant les unes aux autres,
et reproduisant par leur ordre harmonieux l'ex-
pressive peinture des impressions qui l'agitent.
C'est alors qu'il les concentre en lui-même pour
les analyser, les retoucher, les agrandir, les
colorer, en élaguer ce qui choquerait la mesure
et le goût. Il les discipline par la logique, et,
n'oubliant jamais les exigences de l'auditoire

auquel il doit s'adresser, il choisit avec sagacité ce qui peut particulièrement lui plaire et l'entraîner. C'est par cette prise de possession énergique de son sujet, c'est par cette accumulation obstinée de toutes les forces de son âme que l'orateur allume dans son sein ce brasier mystérieux qui le consume avant de répandre autour de lui sa magique chaleur. Tacite le dit dans son Dialogue :

« La grande éloquence est une flamme, elle a besoin d'aliments et d'excitations, elle éclaire en brûlant [1]. »

Toutes les causes, je le sais, ne comportent point ces mouvements impétueux ; admirables auxiliaires d'une défense qui touche aux questions élevées, aux événements tragiques, aux discussions où l'honneur est en jeu, ils seraient déplacés dans une simple argumentation d'affaires. Mais nul discours ne saurait se passer de préparation et d'étude. C'est une suprême irrévérence vis-à-vis des auditeurs, en même temps qu'une dangereuse témérité, que de se fier aux

1. Magna eloquentia sicut flamma, materia alitur et motibus excitatur, et urendo clarescit. ORAT., XXXVI.

hasards de l'improvisation. Les grands maîtres ont religieusement évité cette faute. Écoutez ce que Plutarque écrit de celui que la nature semblait avoir doué de la conception la plus prompte et de la plus fougueuse imagination :

« Jamais on ne vit Démosthènes haranguer à l'improuveu ; et que bien souvent qu'il estoit présent et séant en l'assemblée, le peuple l'appeloit par son nom, affin qu'il dîct son advis sur ce qui estoit lors en deslibération ; mais que jamais il ne se laissa pour ce faire, s'il n'y avoit premièrement pensé, et qu'il n'eust bien prévu et bien estudié ce qu'il avoit à dire ; tellement, que les austres orateurs s'en mocquoient bien souvent de luy, comme entre les autres, Pythéas, qui lui dict une fois que ses oraisons sentoyent l'huile de la lampe. Mais Démosthènes lui répliqua bien aigrement : « Aussi y a-t-il grande « différence, Pythéas, entre ce que toy et moy « faisons à la lumière de la lampe[1]. »

L'autorité d'un tel exemple dispense de toute réflexion. Et ceux-là seuls s'en étonneront qui

______

1. *Vie des hommes illustres*, t. VI, p. 398.

ne se sont point rendu compte des difficultés et des périls dont l'orateur marche sans cesse environné. Son art est un des plus élevés. mais aussi des plus capricieux. En atteindre le sommet est un rêve ; s'en approcher, une fortune réservée à un petit nombre. Mais ces privilégiés eux-mêmes ne peuvent conserver leur niveau qu'à l'aide d'un constant effort.

Si l'orgueil ou la mollesse les gagne, ils sont perdus. Semblables aux athlètes antiques qui n'abandonnaient jamais le gymnase, ils ont besoin de se retremper chaque jour par le travail, et quels que soient les applaudissements qu'ils obtiennent, ils sentiront au-dessus de leur œuvre nécessairement incomplète le rayon ineffable et mystérieux de la perfection qui embrase le cœur de l'homme d'une ardeur toujours inassouvie, mais qui, pour son perpétuel désespoir, dévie fatalement et s'obscurcit en touchant à son intelligence !

Et comment cette loi d'un travail opiniâtre ne serait-elle point imposée à l'orateur quand elle est la condition inévitable de toute création ? La vie n'est qu'une lutte dans laquelle la victoire est au plus vaillant. Et sans partager l'opinion de ceux qui réduisent le génie aux proportions d'une longue patience, on peut répéter avec le poëte : « Le labeur persévérant surmonte tous les obstacles et sans lui le talent le plus accompli demeure stérile. » Cette vérité nous est surtout applicable.

L'inspiration ne peut nous suffire, elle ne supplée ni à la science juridique, ni à la connaissance approfondie des faits. Que dis-je! la saine et véritable inspiration n'illumine qu'un esprit complétement maître de la matière qu'il veut tráiter. Elle naît de la vive réaction de la pensée échauffée, assouplie, condensée par la vigueur de la volonté. Si elle flotte au hasard, elle peut éblouir, elle n'entraîne point : persuader, c'est savoir et sentir, et ce double trésor n'appartient qu'au courage, à la méditation et au travail.

Mais est-ce tout, mes chers confrères? la force de l'avocat n'a-t-elle point encore un fondement plus solide et plus profond? La probité, sans laquelle il ne serait plus qu'un misérable histrion, ne doit-elle pas elle-même avoir un indestructible point d'appui? Et cet élément ferme et stable n'est-il point le caractère, c'est-à-dire une conviction reposant sur la raison seule et une constante application à y conformer tous les actes de sa vie?

Oui, c'est à ce dernier trait que nous reconnaissons la supériorité légitime devant laquelle les hommes s'inclinent involontairement. Ils peuvent se laisser éblouir un jour par l'éclat de la gloire, battre des mains aux succès de la force, suivre dans la poussière, en acclamant, le char du triomphateur qui les écrase ; descendez dans l'intimité de leur conscience, vous verrez qu'ils réservent leur admiration et leur estime pour celui que la fortune n'exalte ni n'abat et qui, mettant son plus grand honneur à demeurer fidèle à ses opinions et à ses amitiés, prodigue sans arrière-pensée à ses semblables un dévouement désintéressé.

Pourquoi cependant cette qualité si simple en apparence : être conséquent avec soi-même, est-elle si rare? pourquoi rencontre-t-on tant de gens « dont l'âme, pour me servir de l'expression de d'Alembert, n'a aucune disposition plus habituelle qu'une autre, » et qui sont indifférem-

ment vertueux ou fripons sans qu'on puisse les
deviner ?

La solution complète de cette question nous
entraînerait loin : elle n'exigerait ni plus ni
moins que la peinture de notre faiblesse et des
misères des temps où nous vivons. Pour nous
borner, sachons confesser que, subissant le joug
de l'habitude, aveuglés par le souci exagéré de
mesquins intérêts, étourdis par la frivolité du
plaisir, nous négligeons trop souvent d'armer
notre raison de l'indépendance qui est le nécessaire attribut de sa souveraineté. Cette coupable
incurie est une offense envers la Divinité ; c'est
ce qu'enseigne Cicéron dans son *Traité des
lois* [1] :

« Qu'y a-t-il, je ne dirai pas dans l'homme,
mais dans l'univers entier de plus divin que la
raison qui, lorsqu'elle a pris sa croissance et son
développement, se nomme justement la sagesse ? »
Eh bien ! au lieu de lui soumettre le libre examen des vérités morales sur lesquelles doivent

---

1. Quid est autem, non dicam in homine, sed in omni cœlo
atque terra ratione divinius? Quæ quum adolevit et perfecta
est, nominatur rite sapientia. *De leg.*, VII.

reposer nos principes, nous acceptons, sans les
contrôler, des erreurs accréditées de longue
main, et nous trouvons plus expédient d'affirmer
que d'étudier et de réfléchir. Aussi au premier
choc nos idées inconsistantes se troublent; nos
certitudes prétendues chancellent, et nous ne
nous sauvons de la honte de n'avoir pas pensé
que par la désertion ouverte de nos propres doctrines. Navigateurs sans boussole, nous deve-
nons le jouet du sort, nous ne nous inquiétons
plus d'une direction à suivre, mais du port où
nous serons en sûreté, nous et nos richesses.

C'est ainsi que s'altère en nous la notion du
vrai, source unique du bien. Le culte exclusif de
l'intérêt personnel achève la décadence. Vivre
pour soi, s'enrichir en un jour, éblouir par son
faste, être en faveur ou savourer discrètement la
volupté de molles jouissances, tel est le rêve des
générations impatientes qui se précipitent dans
la vie dévorées par la soif ardente de ce grossier
bonheur. Un spectacle semblable fut offert au
monde lorsque, maîtres de l'univers, regorgeant
de trésors, les républicains de Rome triomphante
se vouèrent frénétiquement aux délices qui les

corrompirent jusqu'à la moelle des os. Alors leurs vertus antiques, la frugalité, le désinté-ressement, l'amour de la patrie, le respect des dieux, s'abîmèrent dans les intrigues, les convoi-tises, les impuretés. « Le gain sent toujours bon, d'où qu'il vienne, disait leur grand satirique en s'adressant ironiquement à la jeunesse. Aies tou-jours sur tes lèvres cette sentence du poëte digne des dieux et de Jupiter lui-même : nul ne de-mande l'origine de ta fortune, mais il faut l'avoir. [1] »

Et pour l'assouvissement de cet appétit d'ar-gent et de pouvoir, les brigues succèdent aux brigues, les crimes aux crimes ; les comices ne sont plus qu'une arène de fraudes et de vio-lences, la hache des proscripteurs fait tomber la tête des citoyens les plus illustres, la confisca-tion et l'exil achèvent cette œuvre de destruction et de terreur. Et lorsque, couvert du sang de ses amis, grandi par la fourberie et les trahisons,

1.   Lucri bonus est odor, ex re
    Qua libet : illa tuo sententia semper in ore
    Versetur dis atque ipso Jove digni poetæ :
    Unde habeas quærit nemo, sed oportet habere.
                              JUVÉNAL, *Sat.* II.

6.

Octave usurpe l'autorité suprême, l'annaliste immortel peut peindre en quelques traits la facilité de son succès :

« Bientôt après, ayant gagné les soldats par les largesses, le peuple par des distributions de blé, tous les ordres de l'État par la douceur du repos, il s'insurgea peu à peu, attira à lui les pouvoirs du sénat, des magistrats, des lois, nul ne lui résistant [1]. »

Ainsi, l'affaissement des âmes fit sa puissance. C'est encore Tacite qui ajoute :

« Les plus fiers étaient tombés dans les combats ou dans les proscriptions ; le reste des patriciens, voyant les richesses et les honneurs payer leur appétit pour la servitude et grandis par l'ordre nouveau, préféraient leur sûreté et leur bien présent aux périls et aux anciennes institutions. [2] » Et quand Tibère paraît, la dégradation est achevée.

---

1. Ubi militem donis, populus annona, cunctos dulcedine otii pellexit, insurgere paullatim, munia, senatus, magistratuum, legum in se trahere, nullo adversante. TACIT., lib. I, § 3.

2. Cum ferocissimi per acies aut proscriptione cecidissent, cæteri nobilium quanto quis servitio promptior, opibus et honoribus extollerentur, ac novis ex rebus aucti, tuta et præsentia quam vetera et periculosa mallent. *Id., ibid.*

« Consuls, sénateurs, chevaliers, tout se rue dans la servitude ; plus ils étaient d'un rang illustre, plus ils montraient d'empressement et de fausseté[1]. » Le reste n'a pas besoin d'être rappelé. Ce vaste et majestueux édifice élevé par sept siècles de bonnes mœurs, de sagesse et de liberté, ne tarda point à crouler sous le poids des forfaits et des folies du despotisme, et quand les Barbares frappèrent de leur glaive vengeur la porte de l'empire, au lieu des légions de citoyens qui avaient subjugué leurs pères, ils ne rencontrèrent que des généraux à vendre, et des princes éperdus cherchant vainement des défenseurs dans les flots nivelés de cette multitude qu'ils avaient asservie !

Ces terribles leçons de l'histoire ne sont pas seulement un enseignement pour les nations, elles apprennent aux individus eux - mêmes où conduisent l'oubli des principes primordiaux, le sacrifice de l'honnête à l'utile, l'amour désordonné des richesses ; elles montrent qu'une société qui viole le droit est condamnée à périr,

---

1. Ruere in servitium consules, patres, equites ; quanto quis illustrior, tanto magis falsi ac festinantes. TACIT., § 7.

et que celle dans laquelle ce funeste exemple aurait été donné n'a d'autre voie de salut que le retour au respect dont il doit être environné. Mais pour le défendre contre l'ignorance, le dédain ou la servilité, pour résister aux emportements des puissants, aux ruses des habiles, il faut élever son cœur au-dessus de la crainte, le dégager de toute ambition, mépriser la popularité autant que la fortune, et ne suivre jamais d'autre guide que le devoir. L'homme appelé à l'insigne honneur d'interpréter la loi, de protéger l'innocence et les intérêts de ses concitoyens, de faire triompher la légalité, doit à l'avance être préparé à toutes les épreuves. Que serait sa parole si le trouble agitait son âme? et comment l'en écarterait-il s'il n'était soutenu par la force de ses convictions et l'autorité de sa vie?

Cette mâle indépendance ne vous sera pas moins nécessaire à vous, mes jeunes confrères, qui aspirez aux redoutables fonctions de la magistrature. Vous n'en seriez pas dignes si, nourris par la science, éclairés par la philosophie, vous n'aviez de bonne heure pris avec vous-mêmes la forte résolution de n'obéir qu'à votre conscience.

Il ne m'appartient pas de vous entretenir en détail des obligations austères qui seront la condition essentielle de votre dignité. N'avoir d'autre pensée que le bien public, consacrer toute sa force à l'étude des lois et à l'examen souvent fastidieux des affaires, peser avec maturité chaque détail et ne se croire édifié que lorsqu'on a tout entendu, être à la fois humain et ferme, affable et patient, inaccessible aux influences, tenir d'une main impartiale la balance égale entre le pouvoir social et le droit individuel : tel est l'abrégé fort incomplet des qualités indispensables au magistrat. Les possédât-il toutes à un degré éminent, il serait encore bien au-dessous de sa mission, si le caractère ne venait y ajouter sa souveraine garantie. Avec elle, il reste insensible aux caresses comme aux menaces ; dédaigneux de la faveur, il rougirait de s'abaisser à la flatterie et de répondre par la docilité aux injonctions d'un pouvoir auquel il ne doit que la justice.

Intrépide champion des lois, il les défend avec une même énergie contre l'usurpation et contre la sédition, il se croirait déshonoré s'il était con-

damné à chercher dans le succès les motifs de
ses adhésions. Tuteur naturel des petits et des
faibles, il ne les sacrifie jamais aux insolentes
exigences de la force qui couvre ses excès du
sophisme de la raison d'État ; il se rappelle cette
belle réponse du premier président Mathieu
Molé au cardinal Mazarin, qui avait fait enlever
le président Barillon : « L'ordre public ne
permet pas que qui que ce soit dans le royaume
puisse être emprisonné autrement que par les
voix publiques qui instruisent les juges de la
vérité[1]. » Enfin, esclave de son devoir, serviteur
de la vérité, il ignore l'art fallacieux des transactions équivoques et des concessions récom-
pensées.

Mais, pour garder ainsi fièrement sa vertu au
milieu des séductions et des défaillances d'un
monde corrompu, il faut s'être fait une religion
de ses principes et tenir son cœur si haut qu'aucune faiblesse ne le puisse atteindre. Les hommes
capables d'un tel effort ont le front ceint d'une
auréole : leurs actes sont respectés, leur parole

---

1. *Vie de Mathieu Molé*, p. 29, 1809.

obéie, leurs exemples vénérés. Ils honorent leur
époque, dominent leurs contemporains et laissent après eux une trace lumineuse et féconde à
laquelle la postérité reconnaît les signes de la
véritable morale.

Je n'ai, mes chers confrères, qu'à jeter les
yeux autour de moi pour y rencontrer la person-
nification du type que je viens d'esquisser, et,
en même temps, la justification des jugements
qu'il m'inspire. A qui vont vos sympathies, votre
admiration, votre affectueuse confiance ? Est-ce
au faste, à la puissance, ou même à la seule
magie du talent ? Quel est cet orateur immense,
aux lèvres frémissantes duquel un demi-siècle
entier est demeuré suspendu, et qui, plus fort
que les années, illustre sa vigoureuse vieillesse
par des travaux et des triomphes que sa maturité peut lui envier ? Né dans nos rangs, il a
rempli la scène politique d'un incomparable
éclat. Les enthousiasmes et les louanges lui ont
été prodigués. Idole d'un parti que l'infortune a
grandi, quel est son titre réel à vos respects et à
votre amour ? n'est-ce pas sa vaillante fidélité à
son drapeau et surtout sa croyance obstinée

au droit et à la liberté? Ah! que longtemps encore il donne à votre Ordre la leçon salutaire d'une popularité conquise par la noblesse des sentiments, le dévouement au malheur, le mépris des honneurs et des richesses qu'il lui eût été facile d'acheter par le sacrifice des principes! Qu'il enflamme ainsi les jeunes courages et maintienne dans la voie du bien ceux qui seraient tentés de défaillir!

Et cet autre, dont l'âme pure semble pétrie par les mains des anciens philosophes stoïques, pourquoi l'entourez-vous d'une estime singulière qu'il mérite si bien? Je sais sa rare valeur. Sa parole à la fois grave et douce porte avec elle la conviction. Nulle tache n'obscurcit sa sereine intelligence et son irréprochable vertu. La science le couvre de ses ailes, la flamme de sa pensée colore son discours, et sa raison puissante le conduit sans effort vers les hautes régions où les idées se dégagent des entraves matérielles. Mais que serait ce disciple de Zénon si sa doctrine n'eût été qu'une ostentation oratoire? Vous l'eussiez banni de vos cœurs comme ces détestables hypocrites dont le poëte a dit :

Qui Curios simulant et bacchanalia vivunt.

Qu'a-t-il fait au contraire ? Sa longue et brillante carrière s'est ouverte par une lutte dans laquelle son courage n'a point été ébranlé. Valeureux défenseur des victimes tombées dans nos discordes politiques, calme au milieu des tempêtes, oubliant sans cesse son intérêt pour son devoir, apôtre résolu et modéré de l'esprit nouveau, il s'est vu porté inopinément au faîte de la puissance dictatoriale par lui bien plus redoutée qu'ambitionnée. L'histoire dira l'abnégation avec laquelle il s'y est dévoué. L'ingratitude a été sa récompense. Et, quand il nous est revenu dépouillé d'honneurs, appauvri, suspect, bientôt persécuté, ne vous a-t-il pas paru si grand et si noble qu'il vous semblait se révéler à vous ? C'est qu'il vous montrait dans l'austère simplicité de sa belle âme l'éclatante manifestation d'un caractère supérieur à la prospérité comme aux revers, ne demandant sa force qu'à la constance de sa foi, à la satisfaction de sa conscience et au souci de sa dignité !

Il me serait facile de multiplier ces exemples, et je puis m'enorgueillir au nom du Barreau de trouver dans son sein tant d'hommes considérables qui ont refusé de s'agenouiller devant la fortune. Ils appartenaient à cette vaillante pléiade, les confrères, les amis que je pleurais l'année derrière avec vous, et auxquels je vous demande la permission de donner un dernier souvenir : Landrin, âme naïve, cœur d'or, que le feu du patriotisme a dévoré jusqu'à son dernier jour ; Liouville, qui a usé sa vie dans les nobles excès d'un dévouement sans bornes aux intérêts de notre Ordre ; Bethmont, enfin, comblé des dons inimitables dont vous allez tout à l'heure reconnaître la saisissante peinture, et qu'un devoir bien doux m'autorise à rappeler, puisque cette solennité est consacrée à perpétuer la mémoire de ses bienfaits. Comme Paillet, comme Liouville, il a prélevé sur son patrimoine, fruit d'un rude labeur, un capital dont le revenu est destiné à fournir une récompense au stagiaire jugé le plus digne de cette distinction. Sur la proposition de votre bâtonnier, le Conseil l'a décernée à M. Barboux, l'un des secrétaires de la Conférence, dont je suis heureux de proclamer ici le nom. Que cet honneur reçu par lui au seuil de sa carrière lui soit un prospère présage ! qu'après avoir mérité notre choix il sache le justifier ! qu'il marche sur les traces des maîtres illustres qui d'un monde meilleur sourient à ses efforts et lui tendent une généreuse main ! et qu'il apprenne d'eux que l'avenir est à celui qui lui offre pour gage le travail et la vertu !

A vrai dire, cet encouragement confraternel, le sentiment qui l'a inspiré, la leçon qu'il renferme, s'adressent à nous tous, mes chers confrères : aux anciens qui, mûris par l'expérience, voient sans cesse reculer devant eux les limites de la science et de l'art, et qui, en avançant davantage dans la vie, comprennent mieux le néant de toutes les satisfactions désavouées par la conscience ; à notre jeunesse bien aimée que le rayon divin de l'espérance illumine et dont le cœur tressaille à toutes les aspirations vers le bien, le beau et le vrai ! Tous nous avons besoin de ne pas laisser nos âmes se dessécher au souffle des enchantements de la mollesse et de l'égoïsme.

Debout et fermes, voilà notre devise : debout pour le malheur et le devoir, fermes pour le droit. Autour de nous, on le nie insolemment. Les sociétés s'agitent inquiètes et troublées, ne songeant qu'à l'heure présente, et leurs lois s'accumulent avec les nécessités passagères qui les produisent. Leur nombre et leur confusion peuvent justifier la parole sévère de l'annaliste de Rome :

Antea flagitiis, nunc legibus laboratur.

Que peut devenir l'idée du juste au milieu de ces expédients? Elle s'efface de plus en plus devant le succès accepté comme légitime. Eh bien ! plus le mal nous touche, plus nous devons énergiquement le combattre. Dans notre Ordre réside le principe de toutes nos libertés, la liberté de la défense et de la discussion.

Gardons-en avec un soin jaloux le précieux dépôt. Soyons-en dignes par notre sage réserve, par le maintien rigoureux de notre discipline, par notre savoir et notre zèle. Unissons-nous étroitement dans le sentiment de cette douce confraternité qui nous protége et nous grandit les uns les autres et qui, en reliant en un faisceau les volontés et les intelligences, nous donne dans l'État l'autorité d'un intérêt général et puissant. Surtout ne croyons jamais avoir assez fait pour l'accomplissement d'une tâche qui exige l'application et le dévouement de la vie entière. Notre constance, soyez-en sûrs, ne demeurera pas stérile. Elle entretiendra au sein du Barreau le culte de l'éloquence, l'amour du travail, le scrupule du désintéressement, l'indépendance de caractère, et l'opinion indifférente dût-elle dédaigner ces biens inestimables, notre respect persévérant pour eux n'en restera pas moins comme une protestation que l'avenir se chargera de légitimer.

Un mot encore, mot de regrets et d'adieux à ceux de nos confrères que la mort a ravis pendant le cours de cette année.

Nous avons perdu M. Bravard qui, bien jeune encore en 1830, obtenait une chaire de suppléant à la Faculté de droit après un brillant concours qui mit en lumière son rare talent de dialecticien.

Deux années après, M. Pardessus donnait sa démission, et la retraite de cet éminent jurisconsulte laissait vide un poste que sa juste

renommée rendait difficile à remplir. M. Bravard
ne put aborder ce nouveau concours qu'avec
une dispense d'âge. Elle fit ressortir avec plu
d'éclat sa merveilleuse abondance d'élocution
la grave maturité de son esprit et les féconde
ressources de son érudition. L'illustre professeu
qui, dans l'enseignement du droit commercial
avait acquis une si considérable autorité, avai
un successeur digne de lui. M. Bravard marcha
sur ses traces en joignant à ses leçons orales des
traités ingénieux dans lesquels se retrouven
toutes les qualités qui le distinguent.

Les électeurs d'Ambert, sa ville natale, vou-
lurent l'honorer de leur mandat; mais la ban-
nière sous laquelle il s'était rangé soulevait trop
de résistances intéressées pour que le succès fût
possible. Il le devint avec le régime de liberté
inauguré en 1848. Cinquante mille suffrages
envoyèrent M. Bravard à l'Assemblée constituante, où ses lumières, son amour du travail et
sa haute probité lui assurèrent bientôt une
place honorable. Dans les commissions, à la tribune, sa parole toujours sérieuse, toujours utile
était accueillie avec une grande faveur. Rendu à

son enseignement en 1849, il s'y consacra tout entier; mieux que nous ses collègues et ses élèves pourraient dire son zèle infatigable, son ardeur pour la science, son affabilité pour la jeunesse. C'est au milieu de ses émules qui l'aimaient, de ses disciples qui le respectaient, qu'une mort prématurée est venue le frapper. Il l'a acceptée avec la résignation d'un chrétien et la fermeté d'un philosophe, laissant après lui le nom honoré d'un jurisconsulte savant et la mémoire vénérée d'un homme de bien.

Jurisconsulte aussi, notre confrère Legat a succombé aux atteintes d'un mal qui avait sourdement envahi ses organes. Je le vois encore, luttant avec courage contre la douleur, se traîner languissant et pâle aux audiences, où le sentiment du devoir seul soutenait sa voix affaiblie. Doux et modeste, il appartenait à cette famille obscure et touchante des travailleurs sincères qui accomplissent leur tâche sans autre souci que celui de la paix intérieure qu'ils en recueillent. Il a écrit un *Code des étrangers*, un *Traité sur les vices rédhibitoires*, où l'on trouve l'ordre, la clarté, la sage méthode de son esprit correct et bien ordonné. Il a traversé l'existence et le Palais. sans y imprimer une trace bien profonde ; ceux qui ont pu apprécier son aménité parfaite et son amour du bien le sauveront de l'oubli par un souvenir bon comme son cœur, et qui, j'en suis sûr, eût satisfait son ambition.

Les années s'étaient accumulées sur la tête de M. Langlois, ancien professeur au collége Louis-le-Grand, et qui déjà touchait à la maturité lorsque, en 1826, il se fit inscrire à notre tableau. Les travaux de cabinet continuèrent à l'absorber, et dans les rares occasions où il parut au milieu de nous, nous pûmes juger, à l'exquise urbanité de ses manières, au ton élégant de sa conversation, combien il était à regretter qu'il n'eût pas pris au Barreau une place plus active.

Enfin s'est éteint loin de nous, et après nous avoir un peu brusquement quittés, un ancien avocat dont les débuts furent accueillis par les applaudissements enthousiastes des anciens, et dont, par un singulier caprice de la destinée, le nom est déjà presque effacé : je veux parler de Bourgain. La nature semblait l'avoir doué de ces grâces charmantes qui chez l'adolescent ont un

irrésistible attrait : quelquefois la robe virile ne
les étouffe point assez, et leur naïveté devient de
l'afféterie. Je n'oserais affirmer que la renommée
bruyante, accourue inopinément au-devant du
jeune orateur, ait rebroussé précisément par ces
sentiers fleuris où elle s'était précipitée : et
cependant je ne puis autrement expliquer comment, avec du savoir, une belle intelligence, une
élégante facilité, notre excellent confrère n'ait
pas occupé parmi nous un rang plus élevé. Peut-
être faut-il surtout l'attribuer au dérangement
de sa santé qui lui rendit plus difficile le fardeau
de notre ministère. Élu membre du Conseil,
entouré d'une considération due à son caractère
honorable, il se retira peu à peu jusqu'à ce
qu'une démission inattendue vint rompre tout
à fait les liens de confraternité qui nous unis-
saient. Votre bâtonnier, néanmoins, ne le pouvait oublier, et il aurait manqué à son devoir en
ne saluant pas par un dernier hommage un
ancien membre de notre Ordre qui a dignement
porté notre robe, et bien qu'il l'ait volontaire-
ment déposée, nous ne pouvons plus nous en souvenir quand nous la retrouvons sur son cercueil.

7.

Et pendant que j'écrivais ces lignes la mort, frappant à coups redoublés sur notre Ordre, ajoutait en quelques semaines cinq noms nouveaux à la funèbre nomenclature que je viens de parcourir. Elle atteignait M. Lamy, comblé d'années il est vrai, mais conservant encore malgré leur fardeau la saine vigueur d'une intelligence que la nature et le travail semblaient mettre à l'abri de leurs coups. Né à Salins en 1778, inscrit à notre tableau en 1806, il y occupait le second rang d'ancienneté, et bien qu'éloigné de la barre depuis longtemps déjà, il avait tenu à honneur de garder fidèlement ce lien qui le rattachait à nous. C'est que le culte professionnel avait été, pour ainsi dire, l'âme de sa vie; vainement, en 1859, le vénérable Dupont de l'Eure, alors ministre de la justice, essaya-t-il de nous le ravir : M. Lamy eût honoré la magistrature par son intégrité, sa science, son amour de l'étude ; il aima mieux nous laisser jouir de ses qualités précieuses, relevées par l'indépendance et la franchise d'un caractère loyal, et livrant le passage aux plus pressés qui ne manquaient point, il estima, peut-être non sans raison, qu'un homme

de bien sert encore utilement son pays en oppo-
sant aux impatiences de l'ambition l'exemple,
toujours peu contagieux, de la modestie et du
désintéressement.

Le Barreau l'en récompensa en l'appelant,
cette année même, au Conseil de l'Ordre, où il
siégea quatre années consécutives. Son emploi
au Palais et l'estime de ses confrères lui en
auraient d'ailleurs naturellement ouvert l'accès.
Consciencieux et appliqué dans le choix et la
préparation de ses causes, dévoué aux intérêts
de ses clients, observateur scrupuleux de chacun
de ses devoirs, il se faisait remarquer par une
heureuse facilité, une action chaleureuse, une
sagacité peu commune.

Aussi, pendant trente ans, fut-il l'adversaire
autorisé des plus redoutables lutteurs. Simple
dans ses habitudes, il se retira de la carrière
militante aux premiers avertissements de l'âge,
quand sa force était encore entière; et, plus
heureux que beaucoup d'autres, il put donner à
la famille et aux lettres, qui ne sont jamais
ingrates, la dernière séve d'un esprit nourri par
le travail, et dont les fortes aptitudes lui sont

restées comme un rare privilége jusqu'au jour suprême où le souffle de Dieu en a éteint les terrestres clartés.

Hélas ! la loi mystérieuse qui préside à nos destinées ne réservait pas la même fortune à ceux de nos autres confrères dont nous déplorons la perte. Tous les quatre sont tombés avant l'heure, laissant après eux des veuves en deuil, et trois d'entre eux des orphelins qui les pleurent. Leur fin a été si imprévue, que nous ne nous accoutumons point à leur absence. Ne cherchez-vous pas involontairement dans vos rangs attristés la douce et honnête figure de M. François Bouillaud, qui, touchant à peine à sa cinquantième année, paraissait devoir conserver si longtemps encore, au milieu de nous, la place que lui avaient faite notre affection et ses vertus ? Tout en lui respirait la probité, le calme et la candeur.

Issu d'une humble famille, il avait trouvé au seuil de la vie les rudes difficultés qui attendent un jeune homme sans protection et sans patrimoine. Il les avait surmontées à force de volonté, de courage et d'abnégation. Je vous étonnerais si je soulevais le voile qui cache les obscurs sacrifices acceptés résolûment par lui. Rien à mes yeux n'est plus noble, plus édifiant que ces renoncements secrets par lesquels certaines âmes d'élite réparent l'injustice du sort. Mais je craindrais, en les racontant avec détail, d'offenser la mémoire de celui qui fuyait le bruit et l'éclat avec le soin que d'autres mettent à les rechercher. Sorti victorieux du combat, il ne voulait point qu'on lui sût gré de l'avoir livré. Sa bonté simple et presque ingénue lui rendait facile l'oubli des mauvais jours par la satisfaction qu'il éprouvait à partager avec ceux qu'il aimait une position honorablement conquise. L'estime et l'amitié de ses confrères étaient venues au-devant de lui en dépit de sa modestie. Il rêvait après quelques années de travail de doux et paisibles loisirs dans la petite commune où il est né, où tous lui souriaient comme à un ami et le considéraient comme un homme de bien. Il y était ces vacances pour y embellir et préparer sa retraite, il y a trouvé une tombe. Elle s'est ouverte soudainement devant lui comme une preuve nouvelle du néant de nos espérances et de nos prévisions ; mais en se refermant sur sa dépouille, elle laisse vivant au milieu de nous le souvenir de sa vie sans tache, de ses mérites solides, des rares qualités de son cœur.

Et qui pouvait, il y a quelques mois encore, faire présager qu'Édouard Bourdet nous serait si brusquement enlevé ? lui si plein de vie, de jeunesse et de belle humeur ! lui dont l'esprit alerte et vif petillait sans relâche dans la presse, au Barreau, dans les réunions de ses camarades ! Toute cette activité, toutes ces grâces ne l'ont point sauvé. Il a été foudroyé en quelques semaines par un mal terrible dont les ravages ont éclaté tout à coup. Le doux climat de l'Italie, auquel il était allé demander un suprême secours, n'en a point retardé les progrès. La mort l'avait déjà touché lorsque le dévouement généreux d'un de nos plus excellents confrères l'a retenu un instant sur le bord de l'éternité pour lui permettre de rendre le dernier soupir dans les bras de sa digne et courageuse compagne. Que les regrets unanimes du Barreau soient un adoucissement à sa légitime douleur ! Édouard Bourdet les méritait non-seulement par son aptitude véritable d'écrivain et d'avocat, mais encore et surtout par la bonté de son cœur. En 1848, il avait eu l'honneur d'être, pendant quelques semaines, le chef de cabinet de Bethmont, qui avait su l'apprécier. Ce n'était pas du reste vers l'administration que le portaient ses goûts; penseur indépendant, littérateur ingénieux, il consacra sa plume à plusieurs brochures recommandables, puis à la rédaction de *la Presse*, où ses bulletins obtinrent un véritable succès. Il commençait à prendre parmi nous une place utile quand nous l'avons inopinément perdu. Quelques jours avant lui s'éteignait dans de cruelles souffrances M. Picard-Mitoufflet, âgé seulement de trente-sept ans, et qui était revenu chercher un asile dans notre Ordre, après avoir déposé le fardeau des fonctions d'avoué que la faiblesse de sa santé ne lui permettait point de supporter. Victime de son ardeur pour le travail, il aurait parmi nous brillé d'un vif éclat si son organisation défaillante n'eût tenu captives les richesses de son esprit. Lauréat du grand concours de l'École de droit, où à dix-neuf ans il partageait le prix de troisième année avec notre confrère Émile Olivier, il débutait avec distinction au Barreau quand la révolution de 1848 le porta au poste de secrétaire général de la préfecture des Bouches-du-Rhône. Il s'y montra à la fois courageux, intelligent et modéré. Rendu un peu plus tard à la vie privée, il traita d'une étude. De graves accidents dus à une application forcée l'obligèrent bientôt à résigner son office. Il rentra dans nos rangs, où il consacra à l'étude tout ce qui lui restait d'énergie. Mais les sources de la vie étaient épuisées, et les soins dévoués de sa famille ne purent l'arracher à cette mort prématurée qui fait éclater aujourd'hui à la fois et notre douleur et nos sympathies.

Peu après, loin de nous, dans une maison de campagne des environs de Magny, notre confrère Victor Bellet a succombé en quelques secondes aux atteintes d'une maladie de cœur qui, depuis près de dix ans, lui avait fait abandonner le Palais. Dix ans d'absence à notre époque de tourbillon, c'est déjà la mort ! aussi beaucoup d'entre vous ne le connaissaient pas, d'autres en ont gardé un souvenir presque fugitif. Ceux qui

l'ont approché savent quelle était la rare élévation de son âme, son exquise bonté, son ingénieuse sagacité, la nette fermeté de ses conceptions.

Ces qualités que sa modestie ne pouvait tout
à fait dissimuler lui valurent des amitiés fidèles
et de légitimes succès. Autant il était fier des
unes, autant il attendait patiemment les autres,
recherchant avant tout l'accomplissement de son
devoir et le mérite positif des services rendus.
Cette réserve timorée n'excluait en lui ni la résolution, ni le courage lorsqu'il croyait avoir à
défendre sa dignité personnelle ou celle de sa
profession. Un jour, ayant à se plaindre du chef
de la Cour, il quitta la barre et refusa d'y repa-
raître jusqu'à ce que satisfaction lui eût été
donnée. Esprit curieux et libre, il étudiait avec
bonheur toutes les questions qui préoccupaient
l'attention publique. Celle de la vénalité des
offices est traitée par lui dans un ouvrage *ex
professo*, remarquable par la vigueur du raison-
nement, de l'indépendance des opinions, et qui
lui valut de bruyantes rancunes. Il s'en consola
facilement par l'estime et l'affection des siens,

par la simplicité d'une vie retirée, grave, laborieuse, tout entière vouée au culte des lettres et du droit. Au moment où la mort est venue brusquement le surprendre, il mettait en ordre les vastes matériaux d'un grand travail sur Dumoulin. Ce monument de ses féconds loisirs restera inachevé comme sa vie, brisée dans sa maturité, et que le voile de l'oubli couvrirait bientôt si nos traditions ne nous faisaient une douce loi de décerner à ce noble caractère, trop ignoré, un hommage de regrets qui en transmettra le souvenir à ceux qui viendront après nous.

Et n'est-ce pas, en effet, une coutume à la fois touchante et pleine d'enseignements utiles que celle qui, chaque année, à l'inauguration de vos travaux, met dans la bouche du chef de votre Ordre un mot d'adieu solennel pour les absents ? N'est-elle pas pour nous tous un puissant encouragement à bien faire et à justifier les sentiments que nous devons être fiers d'inspirer ? Que d'autres s'évertuent à conquérir des richesses, nos visées sont plus hautes, plus exigeante est notre ambition. Elle va jusqu'à la gloire de laisser un nom illustre en l'associant par le dévouement et l'éloquence à la plus grande des œuvres sociales, à la défense continuelle et persévérante du droit.

Le plus humble d'entre nous y coopère, le plus humble peut rencontrer l'occasion d'un sacrifice ou d'un effort qui l'entoure d'une auréole. Mais ce qui appartient à tous sans conteste, c'est l'honneur légitime et pur qui s'attache à la droiture, au zèle, au travail, éprouvés par notre discipline vigilante qui est notre commune conscience. Un jour, et il viendra pour tous, notre mémoire sera interrogée, notre vie examinée. Ne le perdons jamais de vue, mes chers confrères, que notre existence entière soit consacrée à nous rendre dignes de servir d'exemple à ceux qui nous jugeront, de mériter l'estime de ceux qui nous auront aimés.

ALLOCUTION

PRONONCÉE

DANS LA SÉANCE DE CLOTURE

DES CONFÉRENCES DU STAGE

le 16 août 1862.

———

MES CHERS CONFRÈRES,

Me voici arrivé au terme de la carrière que
la confiance du Conseil avait ouverte devant
moi. L'ai-je parcourue dignement! Je serais
sans crainte, s'il suffisait d'avoir désiré bien faire
et d'y avoir mis son cœur; mais que de fois le
résultat ne trahit-il pas notre effort! le mien a
trouvé sa récompense dans votre affection si
douce et qui a été mon véritable appui. C'est
en elle que j'ai puisé le ressort qui m'a soutenu,
c'est à elle que je dois exclusivement reporter
le mérite du peu qu'il m'a été donné d'accom-

plir : que le Barreau tout entier reçoive donc ici le juste tribut de ma sincère et profonde gratitude! Ses précieuses sympathies m'ont rendu facile l'exercice de l'autorité confraternelle dont la valeur est toute morale. Mes coups de force n'ont été que des élans d'amitié, et quand je jette les regards en arrière sur l'espace franchi pendant ces deux années, j'ai la satisfaction de n'y rencontrer aucune sentence d'exclusion contre un membre de cet Ordre, et, je me fais cette illusion, aucun souvenir amer, aucun regret durable de nature à troubler l'harmonie de ces bonnes relations qui font l'honneur et le charme de notre vie professionnelle.

A des mains plus vaillantes que les miennes va passer ce sceptre pacifique dont la tradition nous a conservé le symbole. Une loi que nous avons le droit de trouver vicieuse, puisque seule elle l'éloignait de nos rangs, avait ajourné l'élection de mon honorable successeur. Son éminente personnalité le désignait à vos suffrages ; la puissance de son vigoureux talent, l'éclat légitime de sa renommée, sa mâle et fière attitude au milieu de tant de défaillances, le consacraient

notre chef. Saluons-le avec empressement, et
que la dignité qui lui est conférée apparaisse
comme une preuve nouvelle de l'esprit généreux, désintéressé de ce grand Barreau de Paris,
qui fait taire les rivalités pour laisser briller la
lumière, sans rechercher de quel point de l'horizon elle rayonne!

Pour moi, mes chers confrères, qui applaudis
à cette élévation méritée, et qui remets avec
bonheur le fardeau de mes fonctions à qui saura
si bien les remplir, j'éprouve en les abandonnant
un chagrin véritable, celui de me séparer de
mes bien chers stagiaires. On ne prend point
impunément l'habitude de vivre avec vous.
Associé à vos travaux, heureux de vos succès,
essayant de répandre mon âme sur vous, je ne
puis me retirer de ce commerce si plein de purs
attraits sans que mon cœur en souffre, et, laissez-moi le dire, quoique cela soit peut-être
mal, s'en inquiète. Je voudrais vous suivre et
vous guider encore. Et, pour ce dernier entre-
tien, j'avais depuis longtemps résolu de vous
donner, par quelques confessions de ma laborieuse jeunesse, des conseils pratiques qui au-

raient eu l'avantage d'une étude psychologique réelle et vivante. Mais les travaux qui m'accablent ne m'en ont pas laissé le temps ; puis, quand j'ai touché au voile sous lequel sont abritées ces intimités mystérieuses de mon initiation intellectuelle, j'ai senti ma main faiblir. J'ai redouté à la fois une déception pour mes auditeurs, et de ma part un regret égoïste pour ces doux parfums du premier âge jetés au vent d'une leçon publique, et j'ai scellé ces reliques, attendant pour y regarder de nouveaux jours de calme et de sérénité, que probablement Dieu ne m'accordera pas !

Et d'ailleurs ai-je besoin de vous dire ce qui est en moi ? Ne le savez-vous pas ? Ne devinez-vous pas que j'aime, que j'honore en vous la force et l'avenir de notre chère profession, la perpétuité et le progrès du droit, de la justice, de la liberté ? N'est-ce pas parce que j'ai tressailli à vos ardentes aspirations, parce que j'ai compris vos nobles ambitions que je me suis fortement attaché à vous ? Cet être si insondable, ce mélange inexpliqué de lumière et de ténèbres, cette flamme dévorante enfermée pour un temps

si court dans la périssable enveloppe où elle
s'use et s'agite, ce que nous appelons l'homme
n'a-t-il pas la conscience de sa grandeur et de
sa faiblesse? Rivé au présent par de misérables
nécessités, ne plonge-t-il pas également dans le
passé et dans le futur? C'est en se réfugiant au
sein de l'humanité qu'il échappe à son néant.
C'est par le souvenir et l'espérance qu'il se console de la stérilité de son œuvre individuelle.
Ainsi liées, les générations forment entre elles
une vaste chaîne dont chaque anneau a sa valeur.
Et cette succession d'efforts, ce développement
graduel, cette ascension progressive, ne sont-ils
pas la préoccupation exclusive de tous ceux que
n'enchaîne pas le souci d'intérêts égoïstes? Eh
bien! c'est parce qu'en moi vit une foi profonde,
c'est parce que j'ai la notion vive et précise
d'une ère meilleure vers laquelle nous marchons,
que mon cœur est à la jeunesse, et qu'en lui
offrant un dévouement sans bornes, je voudrais
qu'il me fût donné de la rendre digne des destinées que j'ai rêvées, et qu'elle seule verra se
réaliser!

Et comme votre noviciat doit être le berceau

des philosophes, des hommes d'État, des magistrats, des orateurs, où trouverais-je une réunion d'intelligences plus sûrement appelée à exercer une action forte et féconde? Là est le secret de la puissante attraction qu'exerce la direction de votre conférence : d'autres présidences peuvent briller d'un plus vif éclat, nulle n'est la source de jouissances plus élevées et de plus séduisants espoirs. Je la quitte en y laissant mon cœur, je vous l'avais donné, je ne veux plus le reprendre.

Ne tenez donc pas pour brisé ce lien de patronage que j'ai été si heureux de former avec vous. Le bâtonnier qui s'efface demeure comme un ami. Ce qu'il perd en autorité, il le gagne en indulgence. Venez à lui sans crainte, et quand il aura la bonne fortune de vous rendre service, il se croira toujours votre obligé. Et comme à l'instant suprême des derniers adieux on cherche à mettre toute son âme dans un mot, je voudrais, moi que l'heure aiguillonne et à la main duquel le devoir arrache la plume, je voudrais résumer en quelques lignes tout ce que je pense, tout ce que je désire pour vous; je ne le puis

mieux faire que par ces trois préceptes généraux
dont je vous recommande en finissant l'exacte
observation : l'amour du travail, le respect du
vrai et du beau, le désintéressement.

L'amour du travail! c'est notre loi fondamentale. Les plus hautes facultés ne sauraient en
affranchir. Défiez-vous des succès faciles. L'imagination, la grâce, l'éclat du langage, sont des
dons naturels inestimables. Privés du secours
d'une étude obstinée, ils demeurent stériles et
ne font que mieux ressortir l'insuffisance de
celui qui s'en est contenté. D'ailleurs, ce n'est
point aux vanités de la rhétorique que nous
sommes destinés. La science du droit est celle
de la vie universelle. Mais si notre esprit ne peut
tout embrasser, au moins doit-il être nourri par
les lettres, l'histoire, la philosophie. Et, si de ce
domaine général qu'il n'est permis à personne
de n'avoir pas exploré, nous descendons à l'application pratique de nos devoirs de chaque
jour, c'est là qu'avec l'inflexibilité d'une règle
de conscience se dresse devant nous l'impé-
rieuse nécessité d'un infatigable labeur. Que
d'efforts, que de méditations, que de veilles

sont indispensables pour pénétrer les détails de
chaque affaire, en deviner les secrets ressorts,
coordonner les preuves, revêtir l'argumentation
de cette forme saisissante qui doit entraîner
toutes les convictions! Mais quelle récompense!
Je ne parle pas du succès. Je vais chercher au
fond de l'âme cette émotion pleine et discrète
qui succède à la lutte courageuse de la pensée;
je surprends dans la conscience de ce noble ou-
vrier de l'intelligence une douceur ineffable qui
rafraîchit et repose tout son être en donnant à
ses facultés plus de souplesse et de vigueur.
Écoutez ce qu'écrivait à ce sujet, il y a bien des
siècles déjà, l'éminent auteur des *Institutions
oratoires :*

« Nous grossissons les difficultés pour excuser
notre indolence; ce n'est pas l'art que nous
aimons; nous ne voyons pas dans l'éloquence
telle que je l'ai conçue, c'est-à-dire inséparable
de la vertu, nous n'y voyons pas la plus belle,
la plus honorable des choses humaines, nous n'y
cherchons qu'un vil et sordide trafic. Eh bien!
que sans tous les talents que je demande on se
fasse écouter au barreau, qu'on puisse même s'y

enrichir, j'y consens ; mais celui qui aura devant les yeux cette image divine de l'éloquence qu'Euripide a si bien nommée la souveraine des âmes, celui-là n'en verra pas l'avantage dans un salaire abject, mais dans l'élévation de ses pensées, dans les jouissances de son âme, jouissances continuelles et indépendantes de la fortune. Il donnera volontiers aux arts et aux sciences le temps qu'on perd dans l'oisiveté, dans les jeux, les spectacles, les conversations frivoles, le sommeil et les festins, et trouvera plus de douceur dans les études de l'homme de lettres que dans tous les plaisirs de l'ignorance ; car une providence bienfaisante a voulu que nos occupations les plus honnêtes fussent aussi les plus satisfaisantes et les plus douces. »

Ces vérités si bien exprimées n'ont pas vieilli, mes chers confrères ; elles font encore ressortir l'inexprimable prix de cette action de l'homme sur lui-même, centuplant par la concentration ses forces idéales, dominant le monde extérieur et se rapprochant, autant qu'il lui est possible, du type infini dont il émane. C'est Cicéron qui le dit dans son *Traité des Lois :* « Est autem virtus nihil aliud quam in se perfecta et ad summum perducta natura, et igitur homini cum deo similitudo. » Et ne comptez-vous pour rien cette possession de soi-même, ce plaisir si vif de comprendre et de découvrir, cette élévation subite et souveraine de tout notre être au-dessus de la triste sphère de nos misères un instant oubliées! Ah! combien se sont égarés les moralistes et les législateurs qui ont fait du travail une sorte d'expiation fatale, et ont amené l'homme à le maudire en lui imprimant le caractère d'une pénalité! Sans doute, l'effort excessif épuise, il abrutit s'il est imposé. Mais où est la source de toutes les vertus, de toutes les joies, de toutes les expansions, si ce n'est le travail? Partout où je le contemple vivifié par l'intelligence et la liberté, partout je le vois transformant la créature humaine et la marquant du sceau de l'indépendance et du bonheur! Oui, il est comme l'amour, l'âme du monde, et je puis lui dire : Ami sévère et fidèle, rude et constant compagnon de ma vie entière, je te rends ici un solennel hommage. C'est à toi que je dois tout. Tu m'as sauvé dans les fiévreux orages

des passions, tu as cicatrisé les plaies saignantes
que m'avaient faites des douleurs sans nom, tu
m'as soutenu, éclairé, consolé; c'est à toi que
ma faiblesse éperdue a demandé le bouclier
vivant avec lequel j'ai bravé les attaques des
puissants et protégé les faibles; si je me suis
racheté de mes fautes, ce n'est que par toi; j'en
bénis Dieu, et je le prie de vouloir bien répandre
ta noble semence sur ces généreuses intelligences, afin que de leur effort et de leur vertu
sorte enfin le triomphe de la vérité, qui ne peut
longtemps rester captive sur la terre!

Je vous demande aussi, mes chers confrères,
le culte du beau, le respect de la forme, la
recherche du bon goût intimement lié aux bienséances et à la dignité. Cette essence immatérielle, qui se traduit dans l'ordre physique par
l'harmonie, la grandeur, la majesté, la grâce,
se révèle dans l'ordre moral par des signes plus
subtils, par des effets à la fois plus délicats et
plus forts. Tous nous en avons conscience, tous
nous en subissons le charme. Que de fois n'ai-je
pas été saisi d'admiration en sondant les mystères de cette faculté donnée à l'homme de

varier à l'infini les reflets de son âme ! Et cependant, cette puissance de conception créatrice est dominée, contenue, fécondée par une règle idéale qui renferme en elle la plus haute perfection. Celui qui en surprendrait le secret briserait les entraves de notre infirmité native. Mais tous peuvent s'en rapprocher à des degrés différents, tous doivent y tendre, et cette aspiration vers ce qui satisfait le mieux nos instincts élevés, cet éloignement de toutes les vulgarités, influent plus qu'on ne le pense sur les habitudes et la conduite. L'illustre auteur du *Génie du Christianisme* le remarque judicieusement :

« Dans un siècle de lumière, dit-il, on ne saurait croire jusqu'à quel point les bonnes mœurs dépendent du bon goût, et le bon goût des bonnes mœurs ; » et plus loin : « Le mauvais goût, quand il est incorrigible, est une fausseté du jugement, un biais naturel dans les idées. Or, comme l'esprit agit sur le cœur, il est difficile que les voies du second soient droites quand celles du premier ne le sont point. Celui qui aime la laideur n'est pas loin d'aimer le vice. Quiconque est insensible à la beauté, pourrait bien méconnaître la vertu. »

J'ajoute, d'après le grand écrivain et en revenant aux devoirs de notre profession, que la modération, la décence, l'urbanité, l'élégance, sont les moyens les plus sûrs de maintenir parmi nous l'esprit de confraternité qui est notre force véritable.

Élever sa pensée, épurer son langage, fuir les trivialités, c'est conquérir une incontestable et légitime supériorité ; c'est commander le respect du public, les égards du juge, les sympathies des gens honnêtes et de goût. Le laisser-aller, la négligence, le dédain de tout ornement, compromettraient bien vite ces rares avantages, ils amoindriraient l'autorité, rabaisseraient la parole, détruiraient le prestige. Mes chers confrères, n'oubliez jamais que dans les luttes oratoires la victoire appartient à celui qui sait captiver. Que la logique et la passion soient ses armes, mais qu'il les accompagne de l'éclat qui les rehausse. C'étaient des chaînes, mais des chaînes d'or que la fable antique avait placées sur les lèvres inspirées du dieu de l'éloquence.

Ennemis de la recherche et de l'afféterie,

.vous vous attacherez donc, avec un soin constant, à marquer chacun de vos discours du sceau précieux d'une distinction véritable. Quant à son secret, c'est à l'élévation des sentiments qu'il le faut demander, et c'est pour cela que le désintéressement doit ennoblir les vôtres. Le jour où sa tradition disparaîtrait du Barreau, l'éloquence et la dignité en seraient bannies. Le désir du lucre étouffe le germe de tout ce qui est grand, il tue à la fois l'indépendance et l'art, il avilit l'homme et la parole. Je sais que tout travail mérite une rémunération, et qu'au début elle est précaire, difficile, disputée. Tous, nous avons connu ces épreuves; le meilleur moyen de les adoucir et de les abréger, c'est, avec la simplicité de la vie, le mépris du gain et le zèle pour le malheur. Je ne voudrais pas dire ici tout ce que m'ont causé de chagrin et d'humiliations certains refus, fort rares, je le veux croire, de jeunes avocats, peu occupés cependant, et qui ne craignaient point de repousser une défense parce qu'elle était gratuite. Leurs anciens eussent rougi de montrer ainsi une préoccupation que les bienséances seules nous feraient une loi de cacher. Eh bien ! cette infraction à nos principes n'est pas seulement une faute, elle est un acte éminemment préjudiciable à ceux qui la commettent. La voie la plus sûre pour le succès légitime, c'est l'abnégation et le dévouement. Vous vous plaignez de vos loisirs forcés : utilisez-les par de bonnes actions, donnez votre appui à tous ceux qui le réclament, sans autre souci que celui de leur juste droit, et, croyez-en mon expérience, le reste vous arrivera par surcroît. L'intrigue et la convoitise peuvent mener à la fortune ; on y touche alors en se passant de l'estime publique, mais je n'ai jamais vu s'attarder dans nos rangs celui qui, bien doué d'ailleurs, a voulu honnêtement faire son devoir ; la récompense est toujours proportionnée à l'effort, et pour l'obtenir complète il faut d'abord la mériter, puis avoir la sagesse de l'attendre.

Ce désintéressement que je vous conseille comme l'accomplissement d'une obligation sacrée, comme une satisfaction de conscience, comme un moyen infaillible de réussite, je voudrais en faire la règle générale de votre conduite et l'étendre à toutes les déterminations de votre vie. Quelle force n'y puiseriez-vous pas ! Laissez aux natures médiocres le misérable appétit des honneurs, l'adulation de la puissance, les calculs mesquins de la vanité ; votre part est meilleure, et ces faux biens n'ont rien qui puisse vous attirer. Votre vie sera suffisamment remplie par les pures jouissances de l'étude, la grave protection du patronage, les vives émotions de la barre, et par-dessus tout, par cet échange de services et de travaux mutuels, par ce commerce si doux d'amitiés fidèles, d'aimables rapports, de parenté intellectuelle et morale qu'on appelle la confraternité.

Puis, après dix mois d'agitation fiévreuse, de labeurs excessifs, de captivité de chaque heure, la liberté, le repos, le silence, l'espace ; ces rangs naguère si pressés, les voilà rompus, et chacun s'abandonne à son caprice ; celui-ci, entraîné vers des contrées lointaines,

> .....Juvat arva videre
> Non rastris hominum, non ulli obnoxia curæ.

Celui-là, discrètement assis sous les arbres

paternels et subitement transformé en agricul-
teur,

Sua si bona norit.

Tous cherchant le calme et la paix, tous suivant avec délices les sinueux sentiers de leurs
fantaisies, tous goûtant sans réserve les charmes.
toujours plus suaves de la famille et de la
nature :

...., Tunc mollissima vina,
Tunc somni dulces densæque in montibus umbræ!

Jusqu'au jour où la main brumeuse de novembre marque la fin de cette halte et ramène
tous ces dispersés, heureux de se retrouver pour
parcourir ensemble une étape nouvelle!

Pour moi, je n'ai jamais compris de destinée
comparable. Je sais qu'on m'a souvent reproché
de me faire des illusions; voici plus de trente
ans qu'elles durent, et je les tiens pour vérités;
je n'en ai pas trop souffert, et je ne demande
qu'à en transmettre l'héritage à ceux qui viendront après moi!

Oui, à mon sens, rien n'est plus noble que
cette consécration obligatoire à la défense du

droit ; rien n'est plus grand que cette faculté
d'interpréter publiquement la loi, et, regardant
la justice en face, de s'interposer avec une respectueuse fermeté entre elle et nos concitoyens.
Mais, mes bien chers Confrères, si belle que soit
cette mission de l'avocat, elle ne sera pour plusieurs d'entre vous que l'initiation à des luttes
plus périlleuses. C'est dans le sein du Barreau
que se sont recrutés dans tous les temps les
généreux athlètes de la liberté. La semence n'en
est point épuisée, c'est à votre courage, à votre
savoir, à votre vertu qu'il appartient de la féconder. L'œuvre est digne des ambitions les plus
hautes. Jamais peut-être n'éclata, avec une plus
redoutable clarté, le contraste entre les puissances intellectuelles accumulées et les misères
morales. La contradiction et l'incertitude occu-
pent une si large place dans les affaires de ce
monde, que celui-là serait taxé de folie qui voudrait entreprendre d'y faire régner la logique
en souveraine. Le champ est donc ouvert, des-
cendez-y, vaillants pionniers du droit, défenseurs intrépides de la vérité ; prenez pour armes
la science, la raison, l'oubli de vous-mêmes,

'amour de vos semblables, la modération, et combattez sans crainte : la victoire sera au plus sage. Tant que Dieu lui en laissera la force, votre ancien bâtonnier sera avec vous, applaudissant à vos succès, fier de chacun de ces jeunes talents dont s'enorgueilliront la barre ou la tribune, et si vous voulez le récompenser de ses trop faibles efforts, gardez-lui votre affection, et demeurez, en échange de la sienne, des hommes de bien, d'étude et de liberté !

II

DÉFENSE DE FÉLIX ORSINI

DÉFENSE

DE FÉLIX ORSINI

PRÉSENTÉE

DEVANT LA COUR D'ASSISES DE LA SEINE

le 26 février 1858.

MESSIEURS LES JURÉS,

Je voudrais pouvoir un instant écarter de mon âme les émotions douloureuses qui l'assiégent et la dominent, pour rendre un public et sincère hommage au talent de l'orateur éminent que vous venez d'entendre ; il a longtemps illustré notre ordre où sa place est restée vide, sa personne regrettée ; il devait jeter un vif éclat sur les fonctions redoutables qu'il a acceptées, et qui empruntent à sa parole un prestige rehaussant singulièrement leur autorité ; et cependant, messieurs les Jurés, si un écueil pouvait s'offrir à lui, dans cette cause, c'était de ne rencontrer aucun obstacle, de se trouver, dans ce lugubre débat, sans adversaire sérieux.

Il n'avait pas en effet besoin, messieurs les Jurés, de faire devant nous cet appel éloquent à la pitié, cette mâle invocation au respect de la vie humaine, pour que nous fussions comme lui saisis d'horreur au récit de la sanglante tragédie dans laquelle tant de victimes sont tombées mutilées! Qui de nous n'a frémi à la peinture de cette hétacombe nouvelle offerte au fanatisme politique?

Avant d'entrer dans cette enceinte, tous, nous étions prêts à déplorer les destinées de notre nation trop de fois exposée au retour de pareils forfaits.

Certes, on peut ici rencontrer des opinions différentes sur bien des choses, et pour ma part, — que M. le Procureur général me permette de le dire, — je suis loin de m'incliner devant tous les principes, tous les actes, tous les hommes qu'il défend. Oui, messieurs les Jurés, malgré les temps où nous vivons et qui s'opposent à la libre expression de ma pensée, je n'en conserve pas moins, au fond de mon cœur, avec une fierté jalouse, le dépôt sacré de mes sentiments et de mes croyances, — mais leur symbole n'a jamais été le glaive ni le poignard. Je suis de ceux qui détestent la violence, qui condamnent la force toutes les fois qu'elle n'est pas au service du droit. — Je crois qu'une nation se régénère par les mœurs et non par le sang. — Si elle était assez malheureuse pour tomber sous le joug d'un despote, ce n'est pas le fer d'un assassin qui briserait sa chaîne. Les gouvernements périssent par leurs propres fautes, et Dieu qui compte leurs heures dans les secrets de sa sagessse, sait préparer à ceux qui méconnaissent ses éternelles lois des catastrophes imprévues, bien autrement terribles que l'explosion d'une machine de mort imaginée par des conspirateurs.

Voilà ma foi, messieurs, ma foi profonde, — et cependant, quand Orsini m'a appelé, je ne l'ai point repoussé. — J'ai senti le poids de cet horrible fardeau. — J'ai mesuré la grandeur de l'effort et sa vanité. J'ai vu se dresser devant

9.

moi ces ombres lamentables, dont l'image m'assiége. — J'ai deviné toutefois qu'un aussi grand crime ne pouvait avoir pour mobile, ni la convoitise, ni la haine, ni l'ambition. La cause d'un pareil attentat devait se trouver dans l'égarement d'un patriotisme ardent, dans l'aspiration fiévreuse à l'indépendance de la patrie qui est le rêve de toutes les nobles âmes. — J'ai dit à Orsini : Je condamne votre forfait, je le proclamerai bien haut; — mais vos malheurs me touchent, votre constance à combattre les ennemis de votre pays, cette lutte acharnée par vous entreprise, ce sacrifice de votre vie, je les comprends, ils vont à mon cœur. Italien, j'aurais voulu souffrir comme vous pour mon pays; — m'offrir aussi en holocauste; — verser mon sang pour sa liberté, tout, excepté ces meurtres que ma conscience réprouve. — Mais vous confessez votre crime, vous l'expiez, vous donnez votre tête à la loi que vous avez violée, vous êtes prêt à mourir pour subir la peine de votre attentat à la vie d'autrui; eh bien! je vous assisterai à cette heure suprême... non pour présenter une inutile défense, non pour vous glorifier, mais

pour essayer de faire luire sur votre âme immortelle qui va retourner au sein de Dieu, un rayon
de cette vérité qui peut protéger votre mémoire
contre des accusations imméritées.

Me voici donc, messieurs, devant vous, non
encore une fois pour excuser, mais pour expliquer le coupable entraînement auquel cet infortuné n'a pu résister. Il ne m'appartient pas, et
je n'en ai pas la liberté, il ne m'appartient pas,
dis-je, de faire devant vous l'œuvre de l'histoire
et de rechercher les causes qui ramènent si
fréquemment dans notre pays le retour de pareils
actes. Mais à ce moment solennel où la société
va frapper, qu'il me soit permis d'étendre,
quelques instants, ma faible main sur la tête du
malheureux Orsini, et d'examiner avec vous
l'intérêt et le mobile de l'acte dont on demande
l'expiation, et je ne désespère pas de faire entrer
dans vos cœurs une partie des sentiments qui
agitent le mien.

M. le Procureur général se trompe. Non,
messieurs les Jurés, le crime d'Orsini n'a été
dicté ni par la convoitise, ni par la haine, ni par
l'ambition ; ce n'est pas en semant la mort et

les ruines autour de lui qu'il a voulu conquérir la puissance, non, il n'a pas voulu monter au pouvoir par ces degrés sanglants... Quelle est donc cette histoire, monsieur le Procureur général? elle n'est pas celle d'Orsini. — Qu'a-t-il voulu? — Affranchir sa patrie. Il nous le dit, accusez-le de folie, mais ne contestez pas la loyauté de sa déclaration; nous en avons pour caution sa vie tout entière; je n'en connais pas de plus inflexiblement logique. Il l'a usée sans partage dans une lutte énergique, incessante contre les étrangers qui foulent son pays. Il n'en pouvait être autrement, la haine de l'Étranger, messieurs les Jurés, il l'a puisée au berceau dans le lait de sa mère, dans le sang de son père.

Le père d'Orsini était capitaine dans l'armée italienne organisée par Napoléon Ier, il a suivi nos légions jusque dans les glaces de la Russie, il a mêlé son sang au nôtre sur tous les champs de bataille, il n'a déposé les armes qu'après avoir vu tomber le dernier soldat de la cause bonapartiste qui, alors, était celle de l'indépendance.

Quand le dernier soldat de cette noble cause fut tombé, que fit-il? Ce que plus tard a fait son fils. Après avoir mis son épée au fourreau il conspire. En 1831, on le voit attaquer le pouvoir pontifical avec d'illustres complices dont l'histoire retient les noms et dont l'un d'eux est tombé sous les balles des sbires.

Félix Orsini avait douze ans à peine quand il fut témoin de ces malheurs, il vit la pierre du foyer domestique brisée, son père fugitif, jeté en exil, condamné à une vie errante. Et vous ne voulez pas qu'il ait senti naître en son cœur cette haine ardente, vivace, inflexible qui l'anime contre les ennemis de sa patrie! Toutes les autres passions de son âme ont cédé devant ce sentiment profond qui a été comme un flambeau auquel son cœur s'est embrasé. Il n'y a qu'un instant, M. le Procureur général vous dépeignait Orsini comme un conspirateur vulgaire, ne travaillant à la chute des gouvernements que pour monter au pouvoir et s'y livrer aux enivrements des voluptés et de la puissance. Je l'ai dit, M. le Procureur général n'a pas fait l'histoire d'Orsini. Je ne veux pas d'ailleurs discuter avec lui sur ce point, ni agrandir ce débat. Seulement je le lui demande : Italien, ne souffrirait-il pas du mal qui dévore l'Italie, ne sentirait-il pas le poids des chaînes de la patrie, et tous ses efforts ne seraient-ils pas employés à secouer le joug odieux de l'étranger? Orsini l'a tenté, sa vie entière a été consacrée à ce noble but. L'indépendance, l'unité de l'Italie a été aussi la pensée de Napoléon Ier. Pour y arriver, que fallait-il? Briser le pouvoir temporel du pape. Telle était la croyance d'Orsini; entraîné par cette pensée dans un complot, il est condamné en 1845 par le gouvernement pontifical. Amnistié, on lui fait prêter le serment de ne rien entreprendre à l'avenir contre le pouvoir papal. Quoi qu'on nous en ait dit, ce n'est pas lui qui violera son serment; il quitte les États-Romains, toujours pour conspirer, mais en Toscane, contre les Autrichiens.

Les événements de 1848 éclatent. Je n'ai pas à m'expliquer ici sur ces événements ni à reprendre le récit de l'expédition de Rome, si diversement jugée et qui a donné lieu à des débats si animés; à des incidens si funestes.

Je me borne à constater l'état des esprits en ce moment. Le manifeste de Lamartine avait fait luire l'espoir de l'indépendance en Italie, et cet espoir était salué avec enthousiasme par beaucoup d'hommes qui tiennent aujourd'hui un tout autre langage. L'Autriche épouvantée repliait son drapeau derrière le Tagliamento. La France tout entière applaudissait à cette délivrance. Telles étaient nos promesses à cette époque. Le gouvernement pontifical est renversé, Orsini n'avait pas changé ; mais il n'a pas violé son serment, on ne peut l'accuser d'avoir alors conspiré le renversement du pouvoir du pape. S'il entre dans l'Assemblée constituante, c'est par le suffrage universel qu'il y arrive. Comment en est-il sorti? Dieu me garde, messieurs les Jurés, de laisser tomber de mes lèvres des paroles amères ou imprudentes, mais peut-on ne pas dire que cette assemblée, issue, comme nos institutions à cette époque, du suffrage universel, a été renversée par l'Europe? Et qui l'a dispersée? Le canon de la France.

Alors cet homme condamné à la vie de proscrit, chassé par la violence, que va-t-il faire?

Obéira-t-il aux anciens ennemis de la patrie?
Le patriotisme du vieux soldat de l'Empire, ce
patriotisme ardent que son père a allumé en lui
par ses exemples et ses malheurs, s'éteindra-t-il
dans son cœur? Non, il sera plus brûlant encore,
Orsini n'aura désormais ni paix ni trêve qu'il
n'ait brisé les fers de sa patrie. Que fait-il, en
effet? Il conspire, il parcourt l'Italie, réchauffe
les courages, organise la résistance. En Piémont,
en Toscane, à Lucques, à Modène, partout même
pensée. Arrêté à Gênes en 1853, il est mis en
liberté, mais exilé. Il traverse la Suisse et la
France, et se dirige sur Londres. En mars 1854,
sous le nom de Tito Celsi, il essaye une expédition dans le duché de Parme, il échoue; arrêté
en Suisse, il échappe par miracle. En 1855, il se
rend à Vienne sous le nom d'Herwag, toujours
poursuivi par le même démon, par la même
folie, diront les sages du temps. Il va chercher
des soutiens, préparer des soulèvements; mais
il est découvert, arrêté, chargé de chaînes et
jeté dans la citadelle de Mantoue, un véritable
tombeau. Pendant dix mois il voit sans fléchir
la mort, une mort ignominieuse, suspendue sur

sa tête. Ses juges eux-mêmes reconnaissent en secret la noblesse de son âme et la pureté de son patriotisme. Cependant il est condamné. Mais la générosité et le dévouement veillent près de lui. Une femme, sachant qu'un jeune patriote italien allait mourir, s'intéresse à cet infortuné... Grâce à des miracles de tendresse, à des prodiges de divination dont les femmes seules sont capables, des moyens de salut sont préparés, des intelligences ménagées jusque dans l'intérieur de la prison. Enfin l'heure de la délivrance est arrivée... huit barreaux sont sciés... Les instruments d'évasion miraculeusement fournis!!! Vous dirai-je, messieurs les Jurés, le temps, la patience nécessaire à tous ces efforts? Je le voudrais en vain. Orsini, à l'aide d'un lien fragile, essaye de descendre d'une hauteur de quarante mètres; le lien se brise, et le fugitif tombe à demi brisé dans les fossés de la forteresse; il se traîne néanmoins et reste vingt-quatre heures dans un lac glacé où des chasseurs viennent le recueillir... Vous le voyez, messieurs les Jurés, la Providence ne voulait pas qu'il mourût... Pourquoi ne l'a-t-elle pas voulu?

Mais est-ce bien à nous, faibles vermisseaux que nous sommes, qu'il appartient de l'interroger? Que savons-nous, que pouvons-nous savoir de ses desseins! Cependant le voici encore subjugué par les mêmes idées ; vaincu par les entraînements de toute sa vie, le voici de nouveau précipité dans l'entreprise horrible que je condamne, mais que je viens d'expliquer.

Après ce que je viens de vous faire entendre, aurai-je besoin d'une défense ultérieure? Me faudra-t-il encore discuter des preuves et des témoignages? Ne seriez-vous pas dès à présent persuadés qu'Orsini n'a eu en vue qu'une seule chose, la délivrance, l'affranchissement de sa noble et chère patrie? Encore une fois, cette pensée, ce désir, ne peuvent pas excuser un pareil attentat, ni la mort de ces tristes victimes auxquelles Orsini, il vous le disait hier, voudrait pouvoir rendre la vie au prix de tout son sang, mais ils l'expliquent : des sentiments impérieux, dominateurs, ont armé son bras.

Nous-mêmes, messieurs les Jurés, n'avons-nous pas subi l'empire de ces redoutables sentiments? Parfois, dans les cabinets des rois, il

arrive que leurs conseillers politiques essayent
de disposer de la vie et de la puissance des
nations. La nôtre a été l'objet d'une de ces ten-
tatives dans un temps qui n'est pas encore bien
loin de nous. Dans les pages récentes de notre
histoire, ne rencontrons-nous pas les sanglants
souvenirs de 1815? Napoléon Ier, malgré le
prestige de son nom, malgré sa puissance, n'a-
t-il pas été précipité du pouvoir par les nations
alliées? Le gouvernement qui a remplacé le sien
n'est-il pas resté impopulaire parce qu'il était
imposé; n'a-t-il pas été attaqué par les conspirateurs, ne lui ont-ils pas fait une guerre incessante et acharnée, et le pays enfin n'a-t-il pas,
sinon glorifié, au moins plaint les victimes tombées dans cette lutte patriotique? Eh bien!
messieurs, vous avez devant vous un Italien qui
a voulu faire pour l'Italie ce qu'elles ont fait
pour la France. Descendez dans son cœur, et
voyez le mobile de son crime, vous ne le mépri-
serez pas, et surtout vous n'ajouterez pas à ce
crime le sang des malheureuses victimes enve-
loppées dans cet horrible attentat. La responsabilité de ce sang répandu, il la portera devant

Dieu, mais elle ne peut peser sur lui devant la justice des hommes ; la loi le défend ; pour elle, le crime, vous le savez, n'est que dans l'intention. M. le Procureur général l'a compris comme nous ; aussi, dans son loyal réquisitoire, s'est-il peu étendu sur ce point. Je n'en dirai donc pas davantage moi-même sur ces accusations accessoires.

Faudra-t-il parler plus longuement des réticences dans lesquelles Orsini a cru devoir envelopper ses explications, des contradictions, des dénégations contenues dans ses interrogatoires ? Quoi ! messieurs, est-ce qu'il est ici douteux pour personne que cet infortuné offre sa tête en expiation de son crime ? Il a nié d'abord, il est vrai, son forfait ; mais en face d'accusés qui niaient comme lui, il ne voulait pas les compromettre ; ils avaient nié, il les a suivis dans cette voie. Vous voulez qu'il ait eu peur ? Oh ! non, non, vous ne le croyez pas ! Enfin, voici le jour de la justice, le jour où il se trouve en face du Jury, c'est en ce moment qu'il doit vous apporter, et qu'il apporte ses dernières explications. Eh bien ! dissimule-t-il, et dans ses justifications entendez-vous une seule parole de forfanterie ou de faiblesse? Encore une fois, il avoue franchement, courageusement, et sa faute et ses desseins. Le voici donc, messieurs, devant vous, prêt à mourir… mais désireux encore que son sang soit utile à la cause de l'indépendance italienne ; il a formulé ce vœu dans un testament suprême, dans un écrit que du fond de son cachot il adresse à l'Empereur. Vous allez voir de nouveau, messieurs les Jurés, dans ce document que je dois vous lire, après en avoir obtenu la permission de celui-là même à qui il a été adressé, se révéler la pensée de toute la vie d'Orsini :

« *A S. M. Napoléon III, empereur*
des Français.

« Les dépositions que j'ai faites contre moi-même, dans le procès politique intenté à l'occasion de l'attentat du 14 janvier, sont suffisantes pour m'envoyer à la mort, et je la subirai sans demander grâce, tant parce que je ne m'humilierai jamais devant celui qui a tué la liberté naissante de ma malheureuse, patrie, que parce que, dans la situation où je me trouve, la mort est pour moi un bienfait.

« Près de la fin de ma carrière, je veux néanmoins tenter un dernier effort pour venir en aide à l'Italie, dont l'indépendance m'a fait jusqu'à ce jour braver tous les périls, aller au-devant de tous les sacrifices. Elle fut l'objet constant de mes affections, et c'est cette dernière pensée que je veux déposer dans les dernières paroles que j'adresse à Votre Majesté.

« Pour maintenir l'équilibre actuel de l'Europe, il faut rendre l'Italie indépendante, ou resserrer les chaînes sous lesquelles l'Autriche la tient en esclavage. Demandé-je pour sa délivrance que le sang des Français soit répandu pour les Italiens? Non, je ne vais pas jusque-là. L'Italie demande que la France n'intervienne pas contre elle, elle demande que la France ne permette pas à l'Allemagne d'appuyer l'Autriche dans les luttes qui peut-être vont bientôt s'engager. Or, c'est précisément ce que Votre Majesté peut faire si elle le veut. De cette volonté, donc, dépend le bien-être ou le malheur de ma patrie, la vie ou la mort d'une nation à qui l'Europe est en grande partie redevable de sa civilisation.

« Telle est la prière que, de mon cachot, j'ose adresser à Votre Majesté, ne désespérant pas que ma faible voix ne soit entendue. J'adjure Votre Majesté de rendre à l'Italie l'indépendance que ses enfants ont perdue en 1849, par la faute même des Français.

« Que Votre Majesté se rappelle que les Italiens, au milieu desquels était mon père, versèrent avec joie leur sang pour Napoléon le Grand, partout où il lui plut de les conduire ; qu'elle se rappelle qu'ils lui furent fidèles jusqu'à sa chute ; qu'elle se rappelle que, tant que l'Italie ne sera pas indépendante, la tranquillité de l'Europe et celle de Votre Majesté ne seront qu'une chimère ; que Votre Majesté ne repousse pas le vœu suprême d'un patriote sur les marches de l'échafaud, qu'elle délivre ma patrie, et les bénédictions de 25 millions de citoyens la suivront dans la postérité.

« Signé : FÉLIX ORSINI.

« De la prison de Mazas, le 11 février 1858. »

Telle est, messieurs, la dernière parole de cet homme qui se résigne à son sort. Elle est, vous le voyez, conséquente avec tous les actes de sa vie.

Cependant, je le reconnais, c'est une sorte de témérité de sa part de s'adresser à celui-là même qu'il voulait détruire comme un obstacle à la réalisation de ses desseins, mais encore une fois, toujours fidèle à la conviction, à la passion de toute sa vie, il ne veut pas que son sang versé soit inutile à son pays. Oui, messieurs les Jurés, Orsini engagé dans l'entreprise qu'il a tentée et dans laquelle il a échoué, grâce à Dieu, s'incline ; il ignore, il va mourir !... Du bord de la tombe il adresse cette solennelle prière à celui contre lequel il n'a eu aucun sentiment de haine personnelle, à celui qui fut l'ennemi de son pays, mais qui peut en être le sauveur : Prince, vous vous glorifiez d'être sorti des entrailles du peuple, venez au secours des nationalités opprimées, secourez un peuple ami de la France, relevez le drapeau de l'indépendance italienne que votre vaillant prédécesseur avait restaurée. Prince, ne souffrez pas que cette contrée si belle, si noble, si infortunée, soit éternellement la proie des enfants du Nord qui l'étreignent ; ne vous laissez pas prendre aux démonstrations hypocrites des vieilles royautés qui vous trompent. Prince, les racines de votre maison sont dans la souche révolutionnaire, soyez assez fort pour rendre à l'Italie l'indépendance et la liberté, soyez grand et magnanime, et vous serez invulnérable.

Voilà, messieurs les Jurés, ses paroles ; il ne m'appartient pas de les commenter, je n'en ai ni la puissance ni la liberté ; mais ces paroles dernières d'Orsini vous disent clairement et la pensée et le but de son acte. J'ai fini, messieurs, ma tâche est terminée. Vous n'aviez pas besoin des adjurations de M. le Procureur général pour faire votre devoir sans passion comme sans faiblesse. Mais Dieu qui nous jugera tous, Dieu devant qui les grands de ce monde, dépouillés du cortége de leurs courtisans et de leurs flatteurs, apparaissent tels qu'ils sont, Dieu qui seul mesure l'étendue de nos fautes, la force des entraînements qui nous égarent et l'expiation qui les efface, Dieu prononcera son arrêt après le vôtre, et peut-être ne refusera-t-il pas un pardon que les hommes auront cru impossible sur la terre.

III

QUATRE DISCOURS

PRONONCÉS AU CORPS LÉGISLATIF

DANS LA SESSION DE 1866

———

L'impression de ces discours a été autorisée en vertu
de l'article 89 du décret impérial du 3 février 1861 , et
avec la réserve consignée en ces termes au procès-verbal
des séances des 26 juin 1852 et 28 mars 1862 :

« L'autorisation accordée à un orateur de faire imprimer
à ses frais le discours qu'il a prononcé n'implique pas, de
la part du Corps législatif, l'approbation du discours dont
l'impression a été autorisée. »

I

DISCOURS

SUR LA QUESTION ROMAINE

PRONONCÉ

dans la séance du jeudi 1er mars 1866

———

M. le Président Walewski. La parole est à M. Jules Favre.

M. Jules Favre. Messieurs, que la chambre soit bien convaincue qu'il n'est pas dans ma pensée d'essayer de traiter complétement la question qui lui est soumise. Il n'en est certainement pas de plus grande, de plus digne de ses méditations; mais, en même temps, je puis le dire, il n'en est pas de plus connue et de plus épuisée; et si je vous demande quelques instants de votre

10.

bienveillante attention, c'est pour m'efforcer, s'il m'est possible, de préciser ce qui, à mon sens, est encore demeuré confus, et de dissiper ce qui me paraît être une dangereuse illusion.

Je respecte le sentiment de ceux de mes collègues qui ont cru qu'il était utile d'introduire dans votre projet d'adresse le qualificatif qui, à vrai dire, est l'objet unique de la discussion ; seulement, qu'ils me permettent de leur dire que ce qualificatif, ce mot *temporel*, ne peut pas réaliser les espérances qu'ils ont conçues ; il introduit une équivoque, il crée un embarras et une situation fausse ; et une grande assemblée ne peut jamais, de gaieté de cœur, courir au-devant d'un semblable péril.

Le discours de la couronne me paraissait avoir très-exactement résumé la pensée de la convention du 15 septembre quand il avait parlé « du pouvoir indispensable. » La commission vous propose de dire : « le pouvoir *temporel*; » elle croit avoir ajouté à l'idée, j'ai peur qu'elle n'ait fait que l'obscurcir. (Mouvements en sens divers.)

Ceux qui défendent l'opinion que je combats

sont évidemment dirigés par une double inspiration : une inspiration politique et une inspiration religieuse.

Au point de vue politique, il me semble qu'ils se trompent et que la déclaration qu'ils demandent est un véritable non-sens.

Au point de vue religieux, je leur demande la permission de leur dire que cette déclaration me paraît être un acte de défaillance en même temps qu'une témérité.

Très-peu de mots suffiront à justifier cette double proposition, et si cette double proposition vous apparaissait avec la clarté qui me touche, la conséquence serait le retranchement forcé du mot qui est venu ainsi compliquer la situation.

Je dis qu'au point de vue politique l'addition du mot *temporel* au pouvoir qui, par la convention du 15 septembre 1864, est réservé au saint-père, est un non-sens, et qu'il est absolument impossible que ceux-là mêmes qui le proposent puissent être parfaitement d'accord sur sa portée et en prévoir les résultats.

Nul, messieurs, ne contestera les bienveillantes intentions du gouvernement vis-à-vis du saint-siége. On vous a rappelé hier, dans un discours qui était empreint de nobles sentiments, mais qui peut-être ne portait pas assez le cachet politique ; on vous a rappelé, dis-je, qu'en 1849, le président de la république, contrairement au vœu de l'assemblée souveraine, avait continué une expédition que celle-ci avait déclarée s'être écartée de son but. On a loué une pareille action ; le succès l'a consacrée, et cependant, dans une assemblée qui est soumise aux lois, il est bon de répéter toujours et constamment que leur empire doit être respecté, et que celui qui s'en écarte commet une action qu'on ne peut célébrer. (Légères rumeurs.)

Mais à cette époque, je le reconnais comme vous, il était dans la pensée du pouvoir exécutif de restaurer le trône de la papauté. Seulement, — et c'est ici qu'éclate la grandeur mystérieuse des desseins de Dieu et la faiblesse de ceux des hommes, — jamais entreprise plus hardiment conçue et plus vaillamment conduite n'a, en réalité, plus complétement échoué, car il sera possible à l'historien qui écrira nos annales d'affirmer que l'agent le plus destructeur du pouvoir temporel a été précisément celui qui avait tout fait pour le sauver. (Mouvement.)

Cette proposition est très-facile à justifier. Il était impossible qu'il en fût autrement; la nature des choses s'est trouvée, comme toujours, plus élevée et plus forte que toutes les combinaisons humaines.

Lorsque nous avons été à Rome, nous avons sapé le trône du pape autant que nous l'avons restauré, et cela par deux raisons.

La première, c'est qu'il était impossible de constater d'une manière plus manifeste le néant du pouvoir du pape, qu'en y substituant le nôtre. On pouvait avant notre occupation se faire quelque illusion; mais quand la France était à Rome, quand c'était le drapeau tricolore qui ombrageait le Vatican, le Vatican disparaissait pour laisser notre puissance debout. Elle était en réalité la seule, et cela est si vrai qu'on peut aujourd'hui répéter, sans s'attirer la moindre interruption de la part des défenseurs du pouvoir temporel, qui sont unanimes à le dire de leur côté, que si notre drapeau se retire, le pouvoir temporel s'évanouit. Il n'a donc par lui-même aucune espèce d'existence réelle, et, encore une fois, ce qui l'a démontré aux yeux du monde, c'est le secours que nous lui avons donné.

Mais, messieurs, ce n'est pas là la seule raison pour laquelle nous avons porté au pouvoir temporel la plus mortelle atteinte : nous l'avons restauré, nous l'avons affirmé, et à mesure que nous l'affirmions nous ne cessions de le nier; car le premier acte du pouvoir français victorieux, bienveillant, qui n'avait d'autre dessein que de reconnaître, que de protéger le pape, a été de lui adresser une remontrance.

Vous connaissez tous le fameux document par lequel on l'engageait à séculariser sa puissance, c'est-à-dire à y renoncer. Et ce sont vraiment de singuliers confesseurs du pouvoir temporel du pape que ceux qui, après l'avoir officiellement restauré, en entreprennent publiquement la critique devant l'Europe entière. Et j'en prends à témoin, messieurs, vos fidèles souvenirs. Qu'a été notre occupation, qui s'est continuée pendant quinze ans, si ce n'est la lutte perpétuelle entre l'élément libéral que nous représentions forcément et l'élément absolutiste et de droit divin qui ne peut pas être modifié à Rome, parce que d'imprudents politiques, parce que des hommes de peu de foi l'ont mêlé aux choses spirituelles et ne veulent pas l'en détacher?

Il résulte donc de notre occupation de Rome que le pouvoir temporel n'existe que par nous, et prétendre le façonner suivant nos idées, c'est vouloir l'anéantir.

Vous vous rappelez, messieurs, les discussions qui se sont engagées devant vous.

Je pourrais, — ce serait un travail qui aurait peut-être son utilité, mais qui vous fatiguerait en réalité sans rien apprendre, tant ces précédents vous sont connus, — je pourrais, dis-je, reprendre une à une toutes les dépêches diplomatiques, et vous y rencontreriez toujours le même langage, c'est-à-dire une mise en demeure qui était d'autant plus intolérable pour le gouvernement du saint-siége que le gouvernement français, qui avait la prétention de le protéger, était le plus fort. Quant à lui, il se défendait par sa faiblesse, par sa conscience, par le droit de son immutabilité, et il disait au gouvernement français : Vous représentez le progrès, mais ce progrès je le condamne; j'accepte le bienfait de votre intervention, mais quant à votre politique, je la repousse avec horreur.

Si bien que chaque année, dans cette enceinte, éclatait entre le gouvernement et nous cette querelle que vous n'avez pas oubliée : nous affirmions que le gouvernement s'était engagé dans une entreprise impossible; qu'il voulait concilier l'affirmation et la négation, le présent et le passé, qui s'excluent fatalement, et que, quelles que fussent sa puissance et ses bonnes intentions, il s'userait dans cette lutte stérile et serait condamné à confesser devant l'Europe entière l'impossibilité de réussir.

C'est là, messieurs, ce que nous avons dit, et le gouvernement espérait encore ! Cependant il n'est jamais allé jusqu'où votre commission veut vous conduire. Vous pouvez interroger les discours qui ont été prononcés par tous les organes du gouvernement, vous y rencontrerez toujours, — et c'était de la part de ces organes une réserve à la fois politique et scrupuleuse au point de vue de la religion, — vous y rencontrerez toujours la séparation profonde qui doit exister entre le pouvoir spirituel et le pouvoir temporel.

Je pourrais vous fatiguer de citations, je veux me borner ; j'en emprunterai une à la discussion de l'adresse, qui aboutit à un vote que vous a rappelé à la séance d'hier mon honorable ami Garnier-Pagès, vote dans lequel non-seulement la séparation entre les deux pouvoirs fut proclamée, mais dans lequel la chambre crut qu'il lui était permis de faire entendre des paroles amères contre la papauté et d'attribuer à ses injustes résistances l'insuccès des négociations du Gouvernement français.

Eh bien, messieurs, dans cette discussion, quel était le langage tenu par M. le ministre d'État ? Je ne veux pas mettre sous vos yeux tous les passages décisifs de son discours, —j'en aurais grande envie, mais encore une fois je craindrais d'être indiscret ; — voici comment il se résumait :

« Non, disait-il, la cause du mal, elle tient malheureusement à l'état de ces populations, aux vices du gouvernement qui les a aigries et exaltées, aux abus qui se sont éternisés dans cette administration temporelle, que je sépare avec empressement et avec respect du pouvoir spirituel du souverain pontife. »

Non-seulement vous aviez adopté cette politique, mais vous êtes allés plus loin. Je vous rappelerai que vous aviez voulu que votre Adresse fût l'interprète de votre mécontentement contre une telle obstination. C'était inévitable. Mais ce que je veux que vous recueilliez fidèlement, puisque chaque jour vous ne cessez de proclamer la logique de ceux qui ont précédé le ministre d'État dans cette enceinte, c'est qu'à cette époque, comme toujours, la séparation des deux pouvoirs a été dans la politique de la France, c'est qu'elle n'a pas entendu accepter les vices, les abus du gouvernement pontifical, et qu'au contraire elle les a dénoncés au monde et à l'opinion avec un courage qui était digne d'un meilleur succès.

M. LE MARQUIS DE PIRÉ. Je demande la parole. (Mouvements divers.)

M. JULES FAVRE. Voilà donc la situation très-nettement dessinée; la voilà indiquée par le gouvernement lui-même.

Et puis, je le demande, s'est-il démenti? Je vous ai promis, messieurs, d'être sobre de détails, et je veux tenir parole. Je laisse de côté toutes les autorités sur lesquelles je pourrais m'appuyer; je me contente de vous rappeler ce qui s'est passé au moment même où la convention du 15 septembre 1864 a été signée.

Que l'Italie l'ait préparée par les concessions qu'elle a faites à la France, nul n'en saurait douter; mais que la résistance du saint-siége en ait été la principale cause, c'est une vérité qui n'est pas moins évidente, et M. le ministre des affaires étrangères le faisait ressortir dans sa dépêche du 12 septembre 1864 quand il s'exprimait en ces termes :

« Combien de raisons, en effet, n'avons-nous pas de souhaiter que l'occupation ne se prolonge pas indéfiniment! Elle constitue un acte d'intervention contraire à l'un des principes fondamentaux de notre droit public, et d'autant plus difficile à justifier pour nous que notre but, en prêtant au Piémont l'appui de nos armes, a été d'affranchir l'Italie de l'intervention étrangère... »

Et plus loin : « Notre conscience nous oblige trop souvent à donner des conseils que trop souvent aussi celle de la cour de Rome croit devoir décliner. »

Vous le voyez donc, messieurs, — et de mon côté je dois appeler toute votre attention sur cette situation dont la netteté frappe tous les regards, — nous étions à Rome pour restaurer le trône du saint-père, cela est vrai, mais non pour obéir à ses lois; nous y étions, je ne veux pas dire pour lui dicter les nôtres, mais au moins pour le pénétrer de nos idées et pour tourner son pouvoir vers l'avenir, alors qu'il s'obstine à le laisser dans les ombres du passé. Et nous ne voulions pas, parce que la responsabilité du gouvernement français s'y trouvait engagée, prolonger une pareille occupation, qui n'était pas seulement la violation du droit des Italiens, mais un échec sensible à la dignité nationale.

Voilà le langage tenu par le gouvernement lorsque la convention du 15 septembre a été signée, et je pourrais, messieurs, corroborer ces citations par celle des documents qui les suivent et qui les confirment.

Et depuis, dans la discussion de l'adresse de l'année dernière, quel a été le langage de M. le ministre d'État? Il vous a déclaré que le gouvernement entendait se réserver sa liberté d'action complète; qu'il ne voulait pas être enchaîné dans ses mouvements; qu'il ne prenait d'autre engagement que celui d'exécuter fidèlement et à son terme la convention que la France a signée.

Et lorsque les puissances catholiques ont essayé d'entraîner la France dans une autre voie, son gouvernement a résisté.

On vous rappelait, messieurs, tout à l'heure, sans les citer, les dépêches qui ont été envoyées par l'ambassade d'Espagne à son gouvernement; permettez-moi, à raison de leur importance, d'appeler un instant votre attention sur ces dépêches, et vous verrez que le gouvernement a été fidèle à sa politique, je pourrais dire, messieurs, et vous me le permettrez, à la nôtre; car nous lui avons toujours annoncé le résultat auquel il est dans la nécessité d'aboutir. Le gouvernement a déclaré qu'il n'entendait pas se faire l'oppresseur de la nationalité romaine au profit du pouvoir usé que la cour de Rome ne voulait pas transformer.

En effet, messieurs, je lis dans la dépêche que M. le marquis de Lemara a envoyée à son gouvernement, le résumé d'une conversation qu'il a eue avec M. le ministre des affaires étrangères. Cette conversation n'a pas été démentie. Il y a plus, elle a été confirmée par une dépêche de M. le ministre des affaires étrangères adressée au ministre de France près la cour d'Espagne.

Voici dans quels termes cette conversation est résumée. On presse le ministre de prendre un parti pour une hypothèse; il s'y refuse et il a raison, et il fait connaître ses motifs :

« Supposons, d'une part, que le saint-siége reste sourd à toute espèce de conseils; que non-seulement il ne saisisse pas, mais qu'il rejette avec dédain les occasions de s'entendre avec l'Italie; qu'il ne fasse dans ses États aucune espèce de réformes; qu'il persiste à convertir les juifs par la force et à voler des enfants israélites, comme le petit Mortara... » (Interruption.)

Ce sont les expressions mêmes du ministre qui, je le pense, a le droit d'être écouté sans être interrompu (Rires et bruit.) Je n'ai pas le même privilége, et je le regrette... « ... A persécuter sous toutes ses formes le progrès moderne, à favoriser le brigandage sur ses frontières ; enfin qu'il ôte aux Romains tout espoir d'une administration plus ou moins libérale, mais tolérante et juste. Si alors, contre nos conseils et nos désirs, une révolution éclatait à Rome, il est évident que les soldats français ne retourneraient pas envahir le territoire italien pour imposer aux Romains un pareil gouvernement et pour soutenir avec leurs baïonnettes d'aussi intolérables abus. »

Voilà quelle a été la parole du gouvernement, et j'en tire cette conséquence que, si le gouvernement a voulu restaurer à Rome un pouvoir temporel, ce n'est pas celui du pape, c'est celui qu'il conseille au pape.

De sorte qu'il y a ici une confusion dont très-certainement il est impossible à mes honorables collègues de ne pas apercevoir la portée. Quand ils parlent du pouvoir temporel, ils prononcent un mot mal défini. Si c'est celui que le pape entend conserver malgré nos conseils, le gouvernement ne le suivra pas dans cette voie : le gouvernement n'entend pas que nos baïonnettes soient engagées pour soutenir les abus du despotisme, du pouvoir de droit divin.

Voilà, messieurs, la déclaration qui a été très-nettement faite par lui, qu'il a répétée dans les dépêches auxquelles je faisais tout à l'heure allusion. Dès lors, n'avais-je pas raison, en commençant ces observations, de vous dire que vous aboutissiez à un non-sens ? car le gouvernement français déclare qu'il protégera, qu'il défendra le pouvoir temporel, à la condition que ce pouvoir temporel se transforme.

Et quelle est la réponse du gouvernement romain ? Vous la connaissez, elle est dans la circulaire du cardinal Antonelli, qui n'y a mis ni ambiguïté ni réticence, et qui a déclaré, à la face du monde entier, qu'à ses yeux la liberté de conscience, la liberté des cultes, devaient être considérées comme des innovations révolutionnaires et dangereuses; et résumant la doctrine éternelle de la papauté au jour où, par une alliance impie, elle a mis sa main dans la main de César, et a ainsi altéré la pureté de son origine, il a dit que tout venait du pape, non pas seulement en ce qui concerne la foi, mais encore en ce qui concerne la conduite des âmes.

« Je ne puis croire, dit-il, que M. le ministre ait eu ces principes en vue quand il a fait remarquer la divergence d'opinion entre les deux gouvernements, car c'est le devoir de tout bon catholique de conformer, relativement à cette doctrine, sa manière de voir aux décisions de celui qui a été donné par Dieu même aux nations comme guide et comme maître, non-seulement pour ce qui appartient à la foi, mais encore pour tout ce qui concerne la morale et la justice. »

La morale et la justice ! mais c'est le gouvernement des sociétés temporelles. La papauté fait ici une distinction qui n'échappe à personne. Aucun domaine ne saurait lui être soustrait : elle règne en souveraine dans celui de la foi ; ce n'est point assez, elle veut encore celui de ce monde sous le nom de la morale et de la justice, dont elle s'attribue le monopole.

Eh bien, messieurs, le gouvernement romain

11.

ne voulant pas se transformer, le gouvernement français ne pouvant pas le soutenir s'il ne se transforme pas, vous le voyez, la lutte continue; nous ne sommes pas au bout de cette impasse dans laquelle nous nous sommes engagés. Il n'y a qu'un moyen d'en sortir : l'exécution loyale de la convention du 15 septembre, le respect des principes, la liberté d'action du gouvernement français que nous ne critiquons pas et que nous voulons au contraire laisser tout entière.

Voilà donc, messieurs, si nous invoquons les considérations politiques, les conséquences auxquelles nous aboutissons. Le mot *temporel* doit être retranché de votre adresse, car il vous exposerait à une déception, à un démenti, à un mécompte, à une atténuation de votre dignité, — ce qu'une grande assemblée doit toujours défendre comme son bien le plus précieux.

J'aurais fini, messieurs, si je n'avais un mot à dire, — ce que vous me permettrez, — à ceux de nos collègues qui placent la question dans une région plus élevée, et qui demandent la conservation du pouvoir temporel au nom des intérêts religieux.

Messieurs, toutes les fois que, dans cette enceinte, j'entends dire à l'un de nos honorables collègues qu'il parle comme catholique, j'éprouve un sentiment de profonde sympathie et de sincère respect. Je comprends sur quel fondement inébranlable et sacré repose la conviction qui se manifeste; mais en même temps, j'éprouve quelque crainte de voir sa foi se compromettre au milieu de débats pour lesquels évidemment elle n'est pas faite.

Ce mot la « foi » peut certainement expliquer des résolutions politiques, mais il ne saurait les justifier aux yeux d'une grande assemblée qui représente la France. Qu'il me soit permis d'ailleurs d'ajouter, avec une sincérité non moins grande que celle que je reconnais à mes honorables collègues, qu'alors qu'ils demandent le maintien du pouvoir temporel pour défendre le pouvoir spirituel, ils me semblent singulièrement oublier l'histoire et défaillir étrangement dans la foi qu'ils veulent défendre.

Ils sont oublieux de l'histoire. Eh ! messieurs, je ne fais que vous rappeler ce qui vous était dit tout à l'heure avec tant de justesse par mon honorable collègue M. Guéroult. Mais, en vérité, souder comme deux termes indissolubles, dans la vérité absolue, le pouvoir spirituel et le pouvoir temporel, c'est s'insurger et se révolter contre le passé tout entier.

La papauté, dont l'institution est si grande, je le reconnais, a dix-huit cents ans d'existence. On vous rappelait tout à heure que c'était du VIIIe siècle que datait le pouvoir temporel.

Oui, à partir de ce moment, en effet, la papauté a été investie d'un certain domaine; mais si vous voulez trouver l'image triomphante de la souveraineté absolue qui, après avoir plané sur l'Italie, va déborder sur le monde entier et menacer toutes les couronnes de ses usurpations sacrées; il faut arriver au XVe siècle. C'est au milieu de l'époque la plus agitée, c'est alors que régnaient Sixte IV, Alexandre VI ou César Borgia, et après lui l'impétueux Jules della Rovere, que la papauté s'est assise sur son trône temporel et a courbé à ses pieds les volontés soumises des populations.

Or, messieurs, ce que savent tous ceux qui

ont étudié l'histoire, c'est qu'il n'y a pas de pages plus souillées de sang et de boue que celles sur lesquelles sont écrites ces origines de la papauté temporelle. (Rumeurs sur quelques bancs.)

Ce n'est pas la papauté que j'en accuse, non assurément : elle s'installait au milieu d'une société frivole, violente, agitée, dans laquelle on faisait litière des droits les plus sacrés.

Vous n'avez qu'à vous souvenir de la lutte de tous ces petits tyrans d'Italie contre les républiques qui leur résistaient, à voir ces proscriptions, ces exils, ces échafauds constamment dressés, et vous vous expliquerez comment la papauté, ayant voulu avoir enfin son tour, prenant la couronne qu'elle arrachait à ses rivaux, a dû nécessairement, quand elle quittait le sanctuaire où elle était environnée de priviléges et d'immunités sacrés, pour s'asseoir sur le trône temporel, y trouver les souillures que ses devanciers y avaient déposées. (Mouvement.)

Voilà comment cette union de la papauté temporelle avec la papauté spirituelle s'est résolue en affaiblissement de son autorité morale ; ce qui ne peut être contesté, car c'est à partir de cette époque qu'elle a été l'objet des plus rudes agressions, et vous ne voudriez certainement pas tolérer dans cette enceinte la lecture des anathèmes fulminés par certains conciles contre certains papes dénoncés à la catholicité tout entière comme les auteurs des crimes les plus monstrueux. Tout ceci n'était que la conséquence de ces rivalités de pouvoirs, de ces luttes à main armée, qui jamais n'auraient dû compromettre le pouvoir spirituel.

S'il en est ainsi, comment, je le demande, mes honorables collègues peuvent-ils, au nom de la catholicité, prétendre qu'avant 1453, qu'avant ces lamentables et lugubres événements, la catholicité n'existait pas, que la papauté n'était qu'un vain nom, que son pouvoir était contesté; quand, au contraire, il étendait sur le monde entier ses rayons bienfaisants? Ce serait être bien ingrat que d'oser soutenir une pareille proposition.

Mais, quand nous arrivons aux temps modernes, quand la philosophie nous pénètre, quand la révolution française éclate, n'est-il pas

certain que ce pouvoir temporel du pape, s'im-
mobilisant dans son caractère absolu, était déjà
condamné? Et lorsque le jeune vainqueur de
l'Italie le maintint un instant de sa main puissante, il sentait à merveille à quel point ce pouvoir était ébranlé. Vous savez qu'il lui fallut
peu d'efforts pour le renverser quelques années
après.

Ah! j'entends souvent, dans cette enceinte,
célébrer non-seulement la gloire du vaillant
capitaine, mais la sagesse de l'homme d'État.
Qu'a-t-il pensé de la papauté? Il l'a brisée, et
il l'a brisée comme un pouvoir qui était contraire
à la religion. Voici, messieurs, ce que je rencontre dans une de ses dépêches :

« L'intérêt de la religion et celui des peuples
de France, d'Allemagne, d'Italie, ordonnent
également à Sa Majesté de mettre un terme à
cette ridicule puissance temporelle, faible reste
des exagérations des Grégoire, etc., qui prétendaient régner sur les rois, donner des couronnes,
et avoir la direction des affaires de la terre comme
de celles du ciel. Que, dans l'absence des conciles, les papes aient la direction des choses de

l'Église, en tant qu'elles ne toucheront pas aux
libertés de l'Église gallicane, à la bonne heure;
mais ils ne doivent se mêler ni des armées ni de
la police des États. S'ils sont les successeurs de
Jésus-Christ, ils ne peuvent exercer d'autre empire que celui qu'ils tiennent de lui, et son empire n'était pas de ce monde. »

Les actes ont été conformes à la doctrine; et
si, plus tard, après ce grand mouvement euro-
péen qui a renversé l'Empire, la papauté a été
rétablie, elle l'a été, tout le monde en convien-
dra, comme l'un des éléments les plus puissants
de l'ancien régime qu'on prétendait reconsti-
tuer.

L'opinion, messieurs, n'a pas discontinué ses
progrès, et je pourrais faire passer sous vos yeux
les paroles des hommes les plus illustres et les
plus catholiques, qui ont pensé que l'union du
temporel et du spirituel était ce qu'il y avait de
plus pernicieux pour l'un et l'autre.

On parlait, à la séance d'hier, d'un homme
éminent, en effet, qui est mort martyr de son
devoir, de son culte pour la liberté, qui, en
répandant son sang généreux pour elle, n'a cer-

tainement pas désespéré de son triomphe : je veux parler de Rossi.

Eh bien, messieurs, voici dans quels termes Rossi s'exprimait sur cette question et comment il décidait que le pouvoir temporel de la papauté était incompatible avec son pouvoir spirituel :

« Malheur, disait-il, à ceux qui voudraient rabaisser le catholicisme au rôle d'un statut municipal ou d'un anachronisme! Le catholicisme est de tous les lieux, de tous les temps. Il est, et c'est là sa gloire, sa force, son miracle, il est immobile comme la foi, progressif comme la raison. Rome le sait, si elle conserve ce dépôt de croyances immuables, elle a plus d'une fois abusé de ce qu'il peut y avoir de variable et de circonstanciel dans l'organisation et l'enseignement catholiques. Le jour où la papauté comprendra ces vérités, et ce jour viendra, si réellement elle est assise sur la pierre angulaire, ce jour-là, le catholicisme, qui a si facilement triomphé de la crise d'incrédulité, triomphera d'une maladie bien plus redoutable, bien plus difficile à guérir, de l'indifférence religieuse. »

Je pourrais vous citer l'opinion du cardinal Pacca, l'opinion du cardinal Fleury dans son *Histoire ecclésiastique*; mais, messieurs, craignant de fatiguer votre attention, je vous demande seulement la permission de terminer ces observations par les paroles d'un homme dont le nom, qui ne saurait être suspect, ne peut être accueilli qu'avec respect partout où il retentit, car il rappelle la charité la plus ardente et en même temps l'intelligence la plus éclairée.

Voici ce que disait Fénelon du pouvoir spirituel :

« Il n'est rien que le siége apostolique ne puisse obtenir de l'amour filial des fidèles, pourvu qu'il ne s'attribue aucun pouvoir temporel. Qu'on éloigne ce malheureux soupçon, et tout sera réparé... Voulez-vous distinguer le pouvoir spirituel du pouvoir temporel et éviter une confusion qui est la source de tant de maux? Portez vos regards sur l'Église florissante au temps des martyrs. Alors, sans réclamer aucun pouvoir temporel, elle exerçait librement sa juridiction spirituelle sur les âmes. Combien l'épouse de Jésus-Christ se dépouillerait volontiers de ses territoires, de ses richesses, des misérables dignités de ce monde, pour retourner en cet état! »

Voilà la voix des docteurs, des hommes qui ont passé leur vie à confesser et à défendre la foi catholique. Est-ce que ce sont ses partisans qui, dans cette enceinte, voudraient se lever pour les contredire?

Ah! il y a des vérités morales sur lesquelles tous nous devons être d'accord, et lorsque, dans la séance d'hier, notre honorable collègue M. Chesnelong s'élevait contre le matérialisme, il trouvait dans nos cœurs un écho qui est facile à justifier. Oui! ces doctrines qui dessèchent l'âme, qui réduisent l'homme à se contenter de satisfactions matérielles, qui le poussent à chercher son bonheur dans un intérêt périssable, au lieu de l'engager à le placer dans le devoir, dans le dévouement et dans le sacrifice, ces doctrines, elles sont détestables, elles doivent être condamnées! (Très-bien! — Bravos sur plusieurs bancs.) Mais savez-vous quelle en est l'origine? C'est précisément la servitude et l'abaissement des âmes.

Et, en vérité, vous semblez tomber dans une contradiction singulière, quand, après avoir ainsi justement flétri le matérialisme, vous lui faites appel pour vous défendre, et ne comprenez le pouvoir spirituel régnant sur les âmes qu'à la condition qu'il ait à côté de lui le glaive pour frapper les corps. (Mouvement d'approbation autour de l'orateur. — Légères rumeurs sur les bancs de la majorité.)

Souvenez-vous encore, messieurs, des enseignements de l'histoire, enseignements qui sont là pour nous éclairer. Oui, autrefois à Rome existait une civilisation puissante qu'illustraient des penseurs, des poëtes et des philosophes que nous ne pouvons plus égaler : toutes ces lumières, elles ont disparu avec la liberté ! Et quand le dernier citoyen de Rome a été proscrit, ce peuple qui avait vaincu le monde entier, il a été vaincu par sa propre lâcheté ; il s'est affaissé sous le poids de ses vices, il a roulé avec ses maîtres dans la fange du despotisme. Alors, d'où est venue la régénération ? Elle est venue d'un Dieu qui était né pauvre dans une crèche, de douze pêcheurs qui ont enseigné sa doctrine, qui n'a-

vaient pour eux ni capital, ni armée, ni flotte,
ni puissance matérielle, qui n'avaient pour eux
que le rayonnement de leur âme et de la
vérité. (Vive approbation mêlée d'applaudissements.)

Le christianisme, messieurs, soyez-en sûrs,
il entre dans sa phase philosophique, il se for-
tifie par les lumières de la science. Au lieu de
lui barrer le chemin du siècle, ouvrez-le-lui largement, que le siècle et lui fassent ensemble un
pacte d'alliance, qu'ils se réconcilient l'un avec
l'autre : le siècle profitera de la puissance morale
du christianisme, et le christianisme profitera de
la puissance matérielle du siècle en l'élevant
jusqu'à lui.

Si c'est là votre foi, comme c'est la mienne,
ne l'humiliez pas avec des formules qui pourraient lui donner le plus éclatant démenti. Crai-
gnez d'offenser Dieu en disant que la doctrine
éternelle peut être subordonnée aux aberrations
et aux passions contingentes de ses créatures.
(Très-bien ! Très-bien ! — Applaudissements
autour de l'orateur et dans diverses parties de
la salle.)

(A la suite de ce discours, la séance reste
suspendue pendant quelques instants. — L'orateur reçoit à son banc de nombreuses félicita-
tions.)

II

DISCOURS

SUR LA QUESTION ALLEMANDE

PRONONCÉ

dans la séance du 2 mars 1866.

———

Messieurs, je serais ingrat si, en me levant pour défendre le paragraphe additionnel que nous avons pris la liberté de vous soumettre, je ne témoignais à la chambre ma gratitude pour la bienveillance avec laquelle elle a voulu remettre cette discussion d'hier à aujourd'hui. Nous sommes séparés les uns et les autres par des convictions consciencieuses. Quelquefois l'expression des nôtres nous condamne à la mauvaise fortune de vous déplaire. Mais au moins nous avons toujours un terrain commun sur lequel nous pouvons nous rapprocher, celui de la courtoisie et de l'urbanité. (Approbation sur tous les bancs.) Nous en avons besoin les uns et les autres, qui que nous soyons, même les plus haut placés... (L'orateur désigne du geste le banc du gouvernement. — Sourires.) Et lorsque cette leçon nous arrive de la majorité nous devons tous en faire notre profit et l'accepter avec reconnaissance. (Nouvelles marques d'approbation.)

Croyez-le bien, messieurs, je n'aurais pas pris la parole, si je n'avais pas cru que votre projet d'adresse contenait une lacune regrettable et qu'il serait impolitique aux représentants de la France de garder le silence après les événements graves qui se sont accomplis en Allemagne.

Nous tenons, dans le monde, une trop large place pour que ce qui s'y passe nous soit indifférent, toutes les fois que nous sommes sollicités à agir ou par le droit ou par notre intérêt.

Or cette double considération doit nous déterminer à dire notre sentiment sur les résultats de la triste guerre qui a éclaté dans le nord de l'Allemagne.

Vous savez, messieurs, que l'année dernière, et à cette même place, je me suis hasardé à exprimer mon opinion sur ce sujet. Je l'ai fait avec une extrême réserve. Je ne méconnaissais pas de quelles difficultés la question devait être entourée, alors qu'elle se compliquait de l'examen nécessaire de toutes les obscurités féodales que la science allemande a entassées autour du trône problématique du duc d'Augustenbourg; aussi me suis-je gardé d'entrer dans ce dédale, où j'aurais pu me perdre, et il m'a paru que, du sein de ces respectables ténèbres, se dégageaient deux points parfaitement nets qui devaient particulièrement fixer notre attention. Ces deux points étaient d'abord la convention de 1852, que nous avons signée, et qui, suivant moi, ne devait pas être insolemment déchirée par la double épée de la Prusse et de l'Autriche...

M. DE PARIEU, *vice-président du conseil d'État*. Je demande la parole.

M. JULES FAVRE. C'était ensuite la faiblesse et le malheur du Danemark, de ce petit peuple qui, jeté à l'extrémité septentrionale de l'Europe comme une sorte de vedette de la civilisation,

12

joue un rôle fort important, car son rivage est baigné par deux mers, et, d'un côté au moins, est le gardien des clefs du détroit du Sund. De plus, ce que nous avons toujours reconnu, il a été notre allié fidèle ; il ne nous a pas abandonnés au jour du malheur. Or il me paraissait que la mollesse de la diplomatie devait être condamnée, alors que s'accomplissait, au grand détriment des intérêts de ce peuple, un sacrifice qui rappelle le triomphe de la force de 1772, et ce traité des trois puissances que l'histoire a justement flétri.

Les paroles que nous avons entendues sortir de la bouche de M. le ministre d'État n'ont pas, si je les ai bien comprises, porté sur cette question une grande lumière. Il n'a rien encouragé, il n'a rien condamné expressément, et sa pensée prudente, officielle, s'est si bien voilée dans la neutralité, que c'est à peine si on a pu l'apercevoir. Il s'en est bien dégagé un vœu timide en faveur du respect des nationalités et de la pensée des peuples librement exprimée ; mais vous savez ce qu'en a fait la puissance victorieuse de l'Autriche et de la Prusse.

On avait réuni à Londres une conférence qui n'a semblé avoir véritablement d'autre objet que de constater un avortement de plus de la diplomatie, qui cependant est assez riche en précédents de cette sorte, et lorsqu'il a été constaté, les puissances ont pris l'épée et elles ont imposé au Danemark ce triste et honteux traité par lequel les provinces qui avaient réclamé leur indépendance étaient arrachées de son sein, mais pour changer de maître, pour trouver une servitude et un joug qui étaient plus durs que ceux dont elles avaient été délivrées. Et comme les puissances du Nord n'ont pas voulu laisser. leur œuvre imparfaite, comme elles ne rencontraient, à vrai dire, aucune résistance de la part des chancelleries, à la date du 14 août 1865, elles ont scellé leur conquête par la convention de Gastein, dont vous connaissez l'économie. C'est un partage entre les vainqueurs; la Prusse et l'Autriche se divisent le patrimoine que la force a arraché à leur profit : la Prusse aura la partie septentrionale, le Slesvig; l'Autriche, la partie méridionale, le Holstein ; en outre, la Prusse se réserve le droit de souveraineté et de commandement, et elle le traduit par ce fait significatif de deux routes militaires qui traverseront les possessions qu'elle abandonne à l'Autriche, l'une partant de Lubeck pour aller à Kiel, l'autre partant de Hambourg pour aller à Rendsbourg, en ne respectant pas la neutralité du Hanovre.

Telle est, dans sa simplicité, la convention de Gastein, et j'y ajoute encore ce trait que j'y rencontre, — et qui caractérise plus nettement ce retour aux transactions du moyen âge, — que, moyennant finances, l'Autriche renonce à une partie de son droit, et que la Prusse achète à beaux deniers comptants les têtes de population qui lui sont cédées par sa rivale.

Telle est, messieurs, la convention de Gastein.

Je sais qu'on a dit qu'elle était un traité provisoire, qu'elle pouvait garantir jusqu'à un certain point le droit des populations, qui cependant n'ont pas été consultées.

Nous avons tous trop d'expérience des choses humaines pour ne pas savoir que, dans la politique violente, le mot de provisoire est un prétexte, et quand nous voyons les mesures résolues de la Prusse, qui étend de plus en plus la main sur sa conquête, ce serait faire preuve d'une naïveté par trop bienveillante que d'attacher quelque valeur à l'étiquette de la convention.

Il est donc certain, messieurs, que cette convention a disposé de provinces que la Prusse et l'Autriche prétendaient soustraire à la domination illégale du Danemark et déclaraient vouloir affranchir.

Quelle a été, en présence de cette convention, l'attitude des populations? Vous avez entendu, messieurs, lors de la discussion de l'adresse dernière, les vœux exprimés en leur faveur par M. le ministre d'État : nul ne peut suspecter leur sincérité. Mais vous allez voir comment il y a été répondu. Cette réponse mérite toute votre attention.

Voici ce que disent les députés, les bourgeois, les notables du Slesvig, en s'adressant à la fois à la Prusse et à l'Autriche : « L'espoir que nous avons conçu a été douloureusement déçu. Depuis la paix de Vienne, il s'est écoulé près d'une année; mais les duchés sont encore aujourd'hui un pays qui n'a ni son souverain légitime, ni une représentation appelée à coopérer à l'organisa-

tion de son présent et de son avenir. Tandis que,
sous la domination danoise elle-même, les États
pouvaient au moins se réunir régulièrement, se
plaindre des avanies qu'on faisait au pays, et
protester contre les injustices qu'il subissait, le
pays n'a pas été entendu depuis qu'il est passé
en des mains allemandes. On a changé ses frontières, on lui a donné des gouvernements divers,
se succédant rapidement ; on a opéré des modifi-
cations graves dans son administration et son
ordre intérieur ; on a disposé de ses moyens
financiers sans croire nécessaire d'entendre la
voix du pays par l'organe de ses représentants.

« Par cette convention, non-seulement le
règlement définitif de notre situation, que le
pays attend avec anxiété, se trouve rejeté dans
un avenir incertain, mais l'union des duchés de
Slesvig et de Holstein est de nouveau dissoute.
Les duchés considèrent cette union comme le
fondement de leur vie publique et de leur développement national ; ç'a été pour eux la plus sensible des offenses que de voir le Danemark porter
atteinte à leur droit d'être unis. Ils ont com-

battu pour ce droit par la parole et par l'épée ;
ils ont été transportés de joie lorsque les grandes
puissances allemandes en ont pris la défense.
Malgré toute la douleur qu'ont causée maintes
espérances déçues, nous avons reconnu néanmoins avec gratitude que, depuis le commencement de cette année, les duchés étaient unis
de nouveau par une administration commune.
Mais, à cause de cela même, ils sentent que l'on
porte la plus profonde atteinte à leurs droits en
rompant le lien qui les unit, et cette séparation
est pour eux d'autant plus douloureuse qu'elle
est consommée par des mains allemandes et
d'une façon plus radicale encore que sous le
régime danois. »

Si vous êtes de bonne foi, ce dont je ne doute
pas, vous êtes forcés, messieurs, de reconnaître
avec moi que vos vœux étaient impuissants et
stériles, et que le bruit s'en est perdu au milieu
du tumulte de la conquête, qui seule a eu le
dernier mot pour décider la question.

Ainsi interpellée par les habitants du Slesvig,
la Prusse leur répond en ces termes ; ils sont
laconiques, ils sont expressifs, ils sentent la

perpétuelle insolence du pouvoir absolu qui affirme son infaillibilité et qui en écrase la faiblesse opprimée.

Ah ! vous vous plaignez, dit la Prusse aux habitants du Slesvig. Vous avez sur la poitrine le glaive prussien que tient M. de Bismark dans sa main toute-puissante ; vous n'avez plus rien à demander au ciel, et vous pouvez monter au Capitole. (Mouvement. — Très-bien ! très-bien ! autour de l'orateur.)

Voilà le langage de la Prusse.

Quel doit être celui de la France, protectrice des faibles et gardienne du droit ?

Ah ! messieurs, j'aurais mieux aimé que le discours du trône gardât le silence et ne fît pas entendre ces paroles qui, je demande la permission de le dire avec franchise, me paraissent aussi impolitiques que cruelles : « A l'égard de l'Allemagne, mon intention est de continuer d'observer une politique de neutralité, qui, sans nous empêcher parfois de nous affliger ou de nous réjouir, nous laisse cependant étrangers à des questions où nos intérêts ne sont pas directement engagés. »

Quoi ! messieurs, il s'agit du droit sacrifié d'un allié, que les nécessités politiques nous ont peut être contraints de ne pas secourir : il a succombé dans la lutte du plus faible contre le plus fort, et, du haut de notre paisible tranquillité, nous n'avons pas même une parole de commisération ! nous ne faisons que nous réserver ce droit banal de nous affliger ou de nous réjouir !

J'en conviens, messieurs, en jetant les yeux sur le message qui est intitulé : « Exposé de la situation de l'Empire, » j'y rencontre un adoucissement, bien faible il est vrai, du sentiment amer que ces paroles avaient fait naître chez moi.

Voici, en effet, comment s'explique le rédacteur du message sur la question du Danemark : « On se rappelle que l'Autriche et la Prusse, dans le traité signé à Vienne le 30 octobre 1864, étaient convenues de gouverner en commun les territoires qui leur étaient cédés par le Danemark jusqu'à ce qu'elles fussent en mesure de s'entendre pour fixer le sort des duchés. Cette entente ayant tardé à s'établir, les deux puissances ont jugé opportun de modifier le système d'administration qu'elles avaient d'abord adopté. Le gouvernement du Slesvig a été confié à la Prusse, et celui du Holstein à l'Autriche. Le caractère des stipulations de Vienne étant essentiellement provisoire, le gouvernement de Sa Majesté fait des vœux pour que cette affaire se termine par un arrangement en harmonie avec les idées qu'elle a émises antérieurement. »

A la bonne heure, il y a là une espérance ; mais cette espérance peut s'évanouir, et d'ailleurs ce n'est point assez, car il n'est pas exact d'affirmer, comme le font les pouvoirs officiels, que la parole de la France n'est pas engagée dans la question.

Je ne parle plus du traité de 1852, sur lequel votre attention a été appelée, mais consultons ces documents officiels, qui, par leur grave solennité, sont des déclarations auxquelles il n'est plus possible ensuite à l'honneur des nations de se soustraire. Écoutez ce que disait en 1850, dans son message, le président de la république relativement à cette question :

« Le Danemark excite toujours notre plus vive sollicitude ; cet ancien allié, qui eut tant à souf-

frir de sa fidélité à la France, lors de nos désas-
tres, n'a pas encore, malgré la bravoure de son
armée, dompté l'insurrection qui a éclaté dans
le duché de Holstein. L'armistice du 18 juillet 1849 avait été reconnu par l'intérim de
Francfort, qui avait chargé la Prusse de traiter
au nom de l'Allemagne. Après de laborieuses
négociations, un traité fut signé le 2 juillet, sous
la médiation de l'Angleterre, entre le Danemark
et la Prusse. Ce traité, ratifié d'abord par le
cabinet de Berlin et ses alliés, vient de l'être par
l'Autriche et les puissances représentées à l'assemblée de Francfort. Pendant que ces négociations se poursuivaient en Allemagne, les
puissances amies du Danemark ouvraient des
conférences à Londres, à l'effet de sauvegarder
l'intégrité des États du roi de Danemark telle
qu'elle a été garantie par les traités. »

Et dans le message de 1851, dont je ne veux
pas mettre sous vos yeux le passage, que cependant j'avais marqué, le président de la république fait comprendre que la France a un intéret
de premier ordre à surveiller tous les mouvements de l'Allemagne.

La Confédération avait paru vouloir étendre le cercle de ses attributions, et vous vous rappelez tous comment, à cette époque, l'assemblée de Francfort avait pu faire naître dans quelques esprits des inquiétudes diverses. On l'a rappelée à sa mission; on lui a signalé certains points auxquels elle ne devait pas toucher : ce qui prouve que la France n'a jamais déserté cette obligation d'avoir l'œil ouvert autour d'elle pour protéger à la fois et le droit qui pourrait souffrir, et ses intérêts qui pourraient être compromis.

Mais, messieurs, à l'ouverture de votre session de 1858, le langage de la couronne a été tout autrement explicite, et j'éprouve un sentiment de véritable tristesse quand je le rapproche de celui que tout à l'heure je mettais sous vos yeux. Je lis, en effet, dans le discours du trône ceci : « Si la politique de la France est appréciée comme elle le mérite en Europe, c'est que nous avons le bon esprit de ne nous mêler que des questions qui nous intéressent directement, soit comme nation, soit comme grande puissance européenne; aussi me suis-je gardé de m'immiscer dans la question des duchés qui agite aujourd'hui l'Allemagne, car cette question purement allemande restera telle tant que l'intégrité du Danemark ne sera pas menacée. »

Qu'est-elle devenue aujourd'hui, messieurs, cette intégrité du Danemark, que la France, par la parole de son souverain, avait solennellement garantie? Je ne reviens pas sur tous ces faits, je reconnais ce que les fatalités de la fortune peuvent imposer de résolutions amères, même à un grand peuple; mais au moins, dans son langage, il ne doit jamais paraître déserter ni le droit, ni le malheur.

Je rends cette justice à M. le ministre des affaires étrangères, qu'il a protesté contre la convention de Gastein; et il n'est pas inutile de mettre sous les yeux de la Chambre les termes énergiques dans lesquels sa circulaire est conçue.

Cependant, qu'il me soit permis de m'arrêter sur ce détail, et j'espère que la Chambre ne le jugera pas indigne de cette discussion, car, à mon sens, tout ce qui touche, même le moins en apparence, à la grandeur de la France, doit vous inquiéter : je demanderai à M. le ministre d'État comment il se fait que la convention de Gastein ait été officiellement communiquée à la Grande-Bretagne, tandis que la France n'en a eu connaissance que par les journaux.

Vous n'avez, en effet, messieurs, qu'à consulter les documents diplomatiques. Je ne parle pas du *livre jaune*, qui nous a condamnés à une complète ignorance et qui semblerait ainsi devancer la politique qui a paru prévaloir jusqu'ici au banc des ministres, lesquels ont trouvé que le silence était d'or. J'espère aujourd'hui que ce sentiment qui ressemble trop à celui du Céleste-Empire (On rit) sera abandonné, et j'en féliciterais le gouvernement. Alors je pourrai savoir, ce qui m'inquiète, comment M. le ministre est encore réduit à dire, en commençant sa circulaire, ce qui me paraît très-peu digne de la France :

« Les journaux nous ont apporté le texte de la convention de Gastein. »

Et encore une fois, messieurs, si vous voulez

vous reporter à la circulaire de la Grande-Bretagne, vous y verrez :

« Le chargé d'affaires de Prusse m'a communiqué la substance d'une dépêche relative à la convention de Gastein, et les journaux de Berlin ont depuis publié le texte de cette convention. »

Je demande que, même sur ce terrain, la France, dans ses rapports internationaux, soit traitée comme le peuple le plus favorisé.

Quant au fond de la question, voici comment s'explique M. le ministre des affaires étrangères, et, pour ma part, j'applaudis sans réserve à ses déclarations; seulement j'aurais préféré qu'elles ne fussent pas renfermées dans le huis clos.

Après avoir résumé la question, M. le ministre dit : « S'est-on préoccupé du vœu des populations? Elles n'ont été consultées sous aucune forme, et il n'est même pas question de réunir la diète slesvigo-holsteinoise...

« Sur quel principe repose donc la combinaison austro-prussienne? Nous regrettons de n'y trouver d'autre fondement que la force,

d'autre justification que la convenance réci-
proque des deux copartageants. C'est là une
pratique dont l'Europe actuelle était déshabituée,
et il en faut chercher les précédents aux âges les
plus funestes de l'histoire. La violence et la conquête pervertissent la notion du droit et la
conscience des peuples. Substituée aux principes qui règlent la vie des sociétés modernes,
elles sont un élément de trouble et de dissolu-
tion, et ne peuvent que bouleverser l'ordre
ancien sans édifier solidement aucun ordre nouveau. »

Je dis, messieurs, sans autre réflexion, qu'on
ne peut ni mieux penser, ni mieux écrire. Seulement j'aurais voulu que la dépêche se terminât
par un paragraphe un peu plus ferme que celui-
ci : « Telles sont, monsieur, les considérations
qu'inspirent au gouvernement de l'Empereur les
événements dont l'Allemagne est en ce moment
le théâtre. En vous faisant part de ces impressions, mon intention n'est pas de vous inviter à
adresser des observations à ce sujet à la cour
auprès de laquelle vous êtes accrédité, mais de
vous indiquer seulement le langage que vous

devez tenir lorsque l'occasion se présentera pour vous de faire connaître votre opinion. »

Eh bien, je ne conclus ni à la guerre ni à la menace ; mais il me semble qu'il convient à la diplomatie française de prendre, alors qu'elle proclame le droit violé et la force triomphante, une attitude plus résolue.

Qui peut contester que nous sommes en face d'une puissance ambitieuse dont les secrets desseins soient de dominer un jour l'Allemagne entière ? On l'a dit dans une précédente discussion, elle se recommande à l'Europe entière par des qualités exceptionnelles. Sa population est brave, industrieuse ; elle a des vertus civiques qui sont loin d'être à dédaigner. Mais en même temps, au fond du cœur de chacun de ses concitoyens couve un secret sentiment qui s'y est développé avec le culte de la patrie, avec les souvenirs historiques, et qui la pousse forcément vers la conquête. Un jour, peut-être cette nation sera appelée, non plus seulement dans les conseils, mais sur les champs de bataille, à devenir notre rivale.

Souffrir sans s'y opposer son téméraire agrandissement, ce serait une faute énorme que la France ne doit pas commettre.

Je disais que telle est la tendance de la Prusse, et qu'il pouvait arriver qu'un jour elle eût sous la main 80 millions d'hommes à nous opposer.

M. LE BARON DE GEIGER. Ce ne sera pas de sitôt.

M. JULES FAVRE. Est-ce que la Prusse en fait mystère? Est-ce que ce ne sont pas là les traditions que l'on rencontre dans tous les documents de sa diplomatie et de son histoire? Mais, vous le savez, messieurs, le fondateur de cette monarchie l'a lui-même annoncé : il a montré d'une main ferme la route par laquelle on pouvait parvenir à la suprématie allemande, et, vous ne l'ignorez pas, il était peu scrupuleux dans l'emploi de ses moyens. Dans le livre intitulé *Histoire des traités diplomatiques*, de Martens, j'ai trouvé cette citation qui est empruntée aux papiers secrets du grand Frédéric, et qui dans son laconisme, le peint tout entier.

Ce prince disait : « J'ai reconnu que la modération est une vertu que les hommes d'État ne doivent pas toujours pratiquer à la rigueur, à cause de la corruption du siècle. « (Mouvement.)

Oui, tous les violateurs des lois, tous les factieux, tous les conquérants, se couvrent toujours du masque du bien public, et alors qu'ils outragent la morale éternelle, ils lui rendent le plus solennel comme le plus dérisoire hommage.

Pour le grand Frédéric, la corruption du siècle, c'était la savante pesanteur des généraux autrichiens qui se laissaient battre par lui et qui lui permettaient d'enlever la Silésie à leur souveraine. C'était aussi l'impuissante frivolité du malheureux Stanislas-Auguste, que trois conspirateurs couronnés faisaient saisir dans sa voiture, en faisaient arracher et livraient à une bande d'assassins jusqu'à ce qu'ils pussent partager son royaume par le traité détesté de 1772. (Très-bien! autour de l'orateur.)

Nous connaissons à merveille ces prétextes derrière lesquels se cache l'ambition humaine.

Eh bien, il faut le dire, ni ces principes, ni ces procédés ne sont oubliés en Prusse : l'école a encore des disciples et des imitateurs, et, sans vouloir prononcer dans cette enceinte aucune parole indiscrète contre un homme d'État qui est à la tête des affaires de ce pays, qu'il me soit permis de dire de lui cependant qu'il a hérité et de l'audace de ce maître et en même temps de son dédain des hommes, de son mépris des lois constitutionnelles qui régissent son pays. Quand il affiche hautement ses idées de conquête, et qu'il commence à les mettre à exécution, la France doit avoir l'œil ouvert sur ses entreprises, et ce serait une incroyable faiblesse de notre part que d'abdiquer par des paroles de renoncement philosophique, semblables à celles que nous rencontrons dans le discours du trône.

Encore une fois, ce que je lui demande, ce n'est pas une déclaration de guerre. Ce n'est pas cette politique que nous avons le droit de condamner, qui commence par la menace diplomatique pour arriver aux explications humiliées.

Non, la France peut faire mieux, et ce que je lui demande tout d'abord, c'est, en présence du double système qui se développe en Prusse, de ne pas paraître favoriser celui qui opprime la liberté. Et quand je vois que celui qui s'en fait le représentant est l'objet de prédilections particulières, et qu'on lui donne des distinctions qui appartiennent à l'honneur français, je crains qu'il ne lui soit beaucoup pardonné parce qu'il a beaucoup osé, et je m'en inquiète (Assentiment autour de l'orateur), et je conseille à mon pays, au lieu de pencher vers lui, d'aller au contraire à l'élément libéral qui le contient et le modère, qui représente la force vive. Au lieu de permettre que la main de cet homme d'État tienne l'épée qui est tournée contre la liberté prussienne, il faut aller à celle-ci pour l'intéresser à nos destinées par nos paroles de sympathie.

Non, messieurs, que je veuille la propagande : mais la France a d'autres moyens d'action.

Je parlais tout à l'heure de la légitime influence qui appartient à la Prusse dans toute l'Allemagne : elle est due au génie civilisateur de son peuple, elle est due à la profonde érudition de ses savants, elle est due à la hardiesse de leurs conceptions et aussi à la ténacité de ses hommes d'État.

13.

Et cependant nul ne conteste que le sabre qu'elle traîne derrière elle avec affectation, n'éveille les susceptibilités des puissances secondaires qui l'entourent. Nous les avons peut-être trop dédaignées, messieurs, et, si nous consultons les traditions de l'histoire tout aussi bien que les règles du bon sens, il ne nous est pas difficile d'apercevoir que là sont nos alliés naturels. (Marques d'approbation autour de l'orateur.)

Ce n'est point par les critiques que nous devons aigrir leur mécontentement, et chercher à grossir autour de nous les rangs des alliés que l'opposition seule nous donnerait; c'est par la vérité, c'est par la justice, c'est par la liberté. Il faut que la France en finisse une fois pour toutes avec les préventions injustes que l'Allemagne peut avoir conçues contre elle; et pour cela, messieurs, il faut qu'avec une loyale fierté, elle déclare qu'elle ne veut plus de conquêtes (Très-bien! très-bien! autour de l'orateur); que ce fantôme de la rive gauche du Rhin, qu'on présente toujours comme un obstacle entre l'Allemagne et elle, la liberté le fasse complétement évanouir. Non, non, messieurs, la France régénérée n'a pas besoin de se faire la gardienne de la pierre tumulaire de Charlemagne, et de pousser la ligne de ses légions jusqu'à l'antique cité de Cologne.

M. Émile Olivier. Très-bien !

M. Jules Favre. Elle tendra la main à l'Allemagne ; elle lui dira que, désintéressée, désormais, de toute espèce de projets de conquête, elle se sent assez forte pour faire avec elle une loyale alliance.

Nous voulons être pacifiques, messieurs ; sachons tout d'abord être libres : c'est le vrai moyen de défendre nos finances, de développer notre agriculture et en même temps d'éveiller chez nous ce génie civique que beaucoup voudraient voir endormi, mais qui, grâce à Dieu ! aura un jour sa part. Il est déjà à l'horizon, nous en apercevons les premières lueurs, et bientôt sa lumière inondera la France tout entière. (Très-bien ! autour de l'orateur.)

Mais pour cela, encore une fois, il faut que dans ses alliances elle observe ces règles de prudence dont je parlais tout à l'heure.

Elle doit, dans ces questions comme dans toutes les autres, s'interroger elle-même et consulter son histoire : elle y trouvera à chaque page cette leçon, qu'elle a toujours tenu sa place dans le monde par sa grandeur et par sa prépondérance morale ; et son génie d'émancipation civilisatrice est tel que, même sous la monarchie absolue, même lorsqu'elle s'appelait Richelieu et Louis XIV, elle combattait les puissances qui avaient la prétention d'asservir l'Europe ; et il ne nous est pas possible d'oublier cette parole de Richelieu à ses plénipotentiaires : « Suspection constante de l'Angleterre. — Abaissement permanent de la maison d'Autriche. »

Les temps ont marché, tout a changé autour de nous ; ce qui inquiétait Richelieu n'existe plus : ce colosse qui portait la double couronne de l'empire d'Allemagne, de l'Espagne et des Alpes a été brisé ; mais la France ne doit pas permettre que sur ses assises un autre géant vienne appeler l'Allemagne à une sorte de guerre sainte contre elle, et elle doit pour cela veiller sans cesse ; elle doit prendre pour devise, devise qui la rendra victorieuse sans combat, ces mots magiques qui

seront entendus de l'Allemagne : Désintéressement complet de tout esprit de conquête et pratique courageuse de la liberté! (Vive approbation autour de l'orateur.)

III

DISCOURS

SUR LES LIBERTÉS INTÉRIEURES

PRONONCÉ

dans la séance du 15 mars 1866.

———

M. LE PRÉSIDENT WALEWSKI. M. Jules Favre a
la parole pour le développer; il en donnera
lecture lui-même.

M. JULES FAVRE. Messieurs, la revendication
de nos libertés politiques, qui renferment et
garantissent toutes les autres, et sans lesquelles
il n'y a pas, pour le pays, de véritable grandeur
ni de prospérité durable, n'est point une nouveauté de la part du groupe de députés qui ont
l'honneur de siéger sur quelques bancs de cette
Chambre.

Depuis qu'il leur est permis d'exprimer publiquement leur opinion sur les affaires générales du pays, ils ont sans cesse reproduit la même affirmation, et ils en ont cherché la justification non-seulement dans les principes éternels de la justice et de la morale, dans l'histoire et dans le génie de la France, mais encore dans l'étude du pacte fondamental qui la régit aujourd'hui ; si bien que demander l'application immédiate des libertés, c'est réclamer l'exécution de ce pacte ; les supprimer ou les ajourner, c'est ébranler la constitution elle-même. Et toutes les fois que ces doctrines vous ont été produites, toutes les fois que nous avons essayé de leur donner cette double base, nous avons rencontré dans cette enceinte le même ordre d'objections.

On nous a reproché l'impatience : nous méconnaissions les nécessités du temps ; nous n'avions pas le courage patriotique de sacrifier nos idées à des nécessités passagères ; on était d'accord avec nous sur le principe, seulement on différait sur son application, et on pouvait, sans être téméraire, affirmer que, de toutes parts, les aspirations libérales dont nous cherchions à nous faire les organes modestes et convaincus, ne rencontraient de contradiction que sous le rapport du temps où elles pourraient devenir des réalités.

Mais vous en conviendrez, messieurs, la situation dans laquelle nous sommes est singulièrement différente, et l'on peut dire que l'opinion que nous avons toujours soutenue, que nous vous demandons de soutenir encore, acquiert une gravité exceptionnelle, à raison même des circonstances qui en entourent la manifestation.

En effet, et vous ne l'avez pas oublié, pour la première fois le discours du trône a fait entendre des paroles inattendues : Il n'est plus temps de songer à des discussions politiques et à des théories gouvernementales ! La France a atteint, en ce qui concerne son régime politique, la perfection idéale, et, satisfaite de son sort, elle n'a plus qu'à s'occuper d'améliorations matérielles, de progrès moraux, dans le cercle où ses institutions désormais immuables l'enferment ; et lorsque les lumières auront pénétré jusque dans leurs couches profondes ses intelligentes populations, alors, messieurs, reconnaissantes et éclairées, elles comprendront qu'au-dessus de notre monde périssable et fragile règne une sagesse supérieure, devant laquelle s'inclinent les souverains et les peuples, elles seront à la fois pleines de gratitude pour elle et d'admiration pour l'empire qui résume ses lois au point de vue temporel.

Voilà, messieurs, la déclaration qui s'est fait entendre, et je n'exagère rien en affirmant qu'elle a produit, en France, une émotion profonde.

Mais ce n'est pas tout, — et c'est là un fait nouveau que je recommande particulièrement à vos méditations, — pour la première fois la majorité de cette Chambre, représentée par la majorité de sa commission d'adresse, s'est séparée de la politique impériale... (Interruption.)

Plusieurs voix. Du tout !

M. Jules Favre. Messieurs, votre opinion diffère peut-être de la mienne, mais c'est la mienne que j'exprime, et j'espère que vous voudrez bien m'entendre avec tolérance. (Parlez !)

Je disais donc que, si je compare la rédaction du paragraphe de votre projet d'adresse
avec le passage du discours de la couronne
auquel je fais allusion, je rencontre une différence profonde; que là où on avait affirmé
l'immuabilité de la constitution politique, l'inop-
portunité des discussions, se trouve cette affirmation, qui est de tous points contraire, que
la stabilité est conciliable avec le sage progrès
des libertés, et que nos institutions doivent être
développées.

Ce n'est par tout. Ce n'est pas seulement cette
dissidence, signalée par moi et que j'espère pouvoir vous démontrer, qui a vivement frappé les
esprits. Du sein de cette majorité est sortie une
opinion qui, — celle-là, nul ne le contestera, —
est en complète contradiction avec la politique
que je viens de résumer.

Cette opinion, elle appartient à trente-six de
nos collègues, qui ont estimé que les conditions
vitales du gouvernement de la France, c'était la
réalisation, l'application de ces libertés; qu'elle
ne pourrait être heureuse et forte qu'à la condition de s'associer au gouvernement de ses affaires

et de les diriger, bien entendu avec les moyens
et le contrôle que la constitution lui a assurés et
garantis.

Eh bien, messieurs, je crois devoir dire
qu'entre l'opinion de trente-six, l'opinion des dix-
sept, — puisque nous avons signé l'amendement
au nombre de dix-sept, — et l'opinion de votre
commission de l'adresse, exprimée dans le paragraphe que je vais essayer d'examiner, il y a
un lien, il y a une transaction possible.

Je parlais tout à l'heure de la question d'opportunité en ce qui touche la réalisation des
réformes libérales : la commission ne soulève
même plus cette difficulté ; mais la soulevât-elle,
elle affirme que le progrès de la liberté est conciliable avec la stabilité des institutions.

Il est donc certain qu'entre ces trois opinions
il y a un point commun et une transaction.

Mais ce qui n'est pas moins certain, c'est qu'il
ne peut y avoir aucune transaction entre le terrain commun qui rapproche les trois opinions
que je viens de rappeler et la doctrine que j'ai
constatée dans le discours de la couronne. D'un
côté est une affirmation, de l'autre est une néga-

tion; si bien qu'il est indispensable que la Chambre se prononce pour l'une ou pour l'autre de ces deux politiques.

Et prenez-y garde, messieurs ! il s'agit ici de ce qu'il y a de plus vital pour une nation : il s'agit de son régime intérieur, de sa constitution, de ses lois, de ses mœurs publiques, de tout ce grand ensemble moral et politique qui la soutient et la fait progresser.

Il faut donc, dans une matière aussi capitale, essayer d'abord de dégager la pensée de toute espèce de nuage métaphysique, de fuir les artifices de langage, d'aller droit au but, et, avec une franchise respectueuse et ferme, qui est la condition même d'un semblable sujet, de faire, s'il se peut, sortir la vérité politique à laquelle la sagesse de la Chambre donnera sa consécration.

Et si j'entreprends cette tâche, messieurs, en vous demandant votre bienveillante attention, c'est dans le dessein bien arrêté d'en aborder de front les difficultés. Je ne me suis pas dissimulé qu'en présence de ce *non possumus* laïque, (Rumeurs diverses) que nous avons entendu prononcer, un grand danger apparaissait : d'un côté l'isolement possible du pouvoir, et d'un autre côté la nécessité pour la France de réfléchir, de se recueillir et de se demander compte de son droit.

C'est là la tâche que je viens essayer d'accomplir ; je la remplirai en conservant le respect que je dois aux institutions et aux personnes, et, si je prononce le nom de l'Empereur, si c'est sa politique que j'invoque, c'est que la constitution m'en fait une loi.

Nous ne sommes plus au temps où les ministres, comme on le disait alors, couvraient la couronne ; aujourd'hui, ils la découvrent. Et, quand ils viennent dans cette enceinte parler en son nom, vous apporter sa pensée, quelles que soient la loyauté et la scrupuleuse fidélité qui les animent, il est incontestable que, involontairement, ils peuvent l'affaiblir ou l'exagérer. Mais ce que nul ne saurait contester, c'est qu'au-dessus d'eux, aux termes de la constitution, est la volonté souveraine de l'Empereur, et la constition le déclare responsable.

Cette responsabilité, elle est purement idéale,

à moins que chacun de nous, dans la mesure de ses forces, ne lui dise virilement la vérité, n'examine quelle a été sa conduite, quelles ont été ses fautes, afin de le dire à la face du pays, qui seul peut être juge d'un semblable débat.

Quant à moi, je me sens si fort de la droiture de mes intentions que, si j'éprouve un regret, c'est de ne pouvoir faire entendre ma parole en face du souverain lui-même.

M. Granier de Cassagnac. Pourquoi n'y allez-vous pas? (Rire général et exclamations prolongées.)

M. Jules Favre. Je réponds à l'honorable interrupteur que c'est en face de mon pays, comme mandataire de la nation, au moins pour la faible part qui m'en est départie, que je parle au plus illustre des représentants de la France, à celui qui est son chef d'après le suffrage universel. Voilà la seule conversation digne de lui, de mon pays, et j'ose le dire, de moi. (Assentiment autour de l'orateur.)

M. Glais-Bizoin. Il n'y a qu'ici qu'on puisse dire la vérité! (Rumeurs sur plusieurs bancs.)

M. Jules Favre. Je suis convaincu à l'avance

qu'il n'y aura rien dans mon langage qui le puisse blesser. Je chercherai avec vous quelle peut être l'issue de la situation difficile dans laquelle nous sommes placés ; et si, par une erreur involontaire de mon esprit, je m'étais exagéré ces difficultés, la sagesse de la majorité serait là pour me ramener à la vérité. Mais il ne me paraît pas possible, lorsque la question a été posée ainsi que je viens d'essayer de la résumer, il ne me paraît pas possible de garder le silence et de ne pas chercher à éclaircir le problème politique qui nous préoccupe tous : laquelle des deux doctrines devons-nous choisir, ou de celle qui affirme que dans les champs de la politique il n'y a plus rien à faire, ou de celle qui dit, au contraire, que les institutions doivent être développées dans le sens d'un progrès libéral ?

Pour le savoir, messieurs, vous sentez qu'il est indispensable de se demander à quelle condition vit le pouvoir, à quelle condition peut vivre la liberté, de rechercher, — en dehors, bien entendu, de toute attaque intempestive contre la constitution, — quel est le principe même sur lequel nous devons appuyer nos préférences, auquel nous devons nous attacher, quand il s'agit du pouvoir qui domine la France.

Eh bien, j'ai le dessein d'établir, si mes forces me le permettent, que le pouvoir ne peut vivre que par la liberté, parce que le pouvoir ne sort que de la liberté et qu'il ne peut y avoir de combat entre ces deux puissances, car elles ne représentent que la même affirmation ; si bien, — et c'est là ma première proposition, — qu'en remontant à la nature des choses et au principe philosophique sur lequel reposent, à la fois, et le pouvoir et la liberté, nous arrivons à cette conclusion, que ces deux forces sont identiques, qu'elles doivent marcher du même pas à la conquête ou au soutien de la civilisation.

Je dis, en second lieu, et c'est là une proposition qui s'enchaîne historiquement et logiquement à l'autre, que ce grand principe qui, pour ma part, me semble élémentaire, qui est justifié par notre histoire comme par nos institutions, a été textuellement consacré par la constitution de 1852. Je ne demande que l'application de cette constitution, je demande qu'on ne fasse

pas plus longtemps échec à ses dispositions fon-
damentales; et j'ajoute, — c'est là la troisième
proposition, — que malheureusement cette
constitution de 1852 se fait encore attendre,
qu'elle n'a reçu aucune réalisation, qu'elle est
une simple promesse. Or, de ce qu'elle est une
simple promesse, de ce que la France en attend
vainement la réalisation, naissent à la fois et le
trouble moral qui souvent a été énoncé dans
cette enceinte, et la dissidence politique sur
laquelle j'insistais tout à l'heure, trouble et
dissidence qui ne peuvent cesser que par les
lumières et par le patriotisme de la Chambre.

Ainsi identité de la liberté et du pouvoir, et
nécessité de leur coexistence; ainsi la liberté,
comme le pouvoir, garantie par la constitution
de 1852; ainsi la constitution de 1852, désertée
pour une pratique qui n'est pas elle et qui la
fausse; ainsi et enfin nécessité, pour rendre à
la France sa vie morale, sa dignité et sa force,
de rentrer dans la constitution de 1852, et, par
là même de rentrer dans les principes éternels
qu'elle a proclamés, mais que violent ceux qui
prétendent l'exécuter. (Marques d'assentiment

autour de l'orateur. — Rumeurs sur un grand nombre de bancs.)

Voilà le dessein des observations que je prie la Chambre de vouloir bien entendre avec quelque indulgence; je serai aussi bref que possible..

Quant à la première question, messieurs, est-ce que, en l'abordant, je ne cours pas, tout d'abord, le risque de me heurter à cette métaphysique politique que je voulais écarter tout d'abord? Est-ce que je ne rencontre pas des nuages qui doivent obscurcir ma pensée?

Je ne le crois pas, et il me paraît que les idées que j'ai brièvement à exprimer devant vous sont à la fois si claires, si précises, si saisissantes, que quelques mots y suffiront.

D'abord, messieurs, chacun reconnaîtra qu'on n'a jamais davantage disserté sur la politique générale que depuis le jour où il a été convenu qu'on n'en parlerait plus, qu'elle était désormais fixée par la sagesse des constitutions, et qu'il était fort inutile de s'en occuper.

Ainsi, nous avons tous été les témoins d'une discussion brillante à la suite de laquelle on a affirmé que si, en 1789, on avait fondé la liberté, on avait oublié de fonder l'autorité ; que cette lacune avait été comblée par la constitution de 1852, et qu'il fallait maintenir, dans cette constitution, surtout ce qui se rattachait à l'autorité.

D'autres docteurs politiques représentent le pouvoir et la liberté comme deux héros d'Homère qui descendent dans l'arène pour s'y disputer la victoire, ou comme deux fleuves qui sont non égaux, mais hostiles, et qu'il faut contenir dans des digues afin qu'ils puissent mutuellement féconder, sans se renconter jamais, le sol qui les contient et qui les supporte.

Si je ne me trompe, cette dualité est une chimère.

Mais elle n'est pas seulement une théorie fausse, elle est un danger politique ; elle accoutume les esprits à voir une hostilité radicale et profonde entre deux entités qui réellement n'en forment qu'une : le pouvoir et la liberté.

Qu'est-ce, en effet, que le pouvoir pour les sociétés organisées ? C'est le droit qui appartient à quelques-uns de dicter des règles de gouvernement obligatoires pour toute la nation.

Voilà le pouvoir.

Et quant à la liberté!... Mais la liberté, c'est l'homme lui-même, c'est son âme immortelle, c'est le principe divin qui est en lui et qui le sépare de la création entière, du monde extérieur et de tout ce qui n'est pas lui; c'est ce qui lui apprend à connaître Dieu, à l'adorer, à l'aimer, à être fraternel pour ses semblables; c'est surtout la possibilité de choisir entre le bien et le mal. Là est l'essence de la liberté. (Très-bien! très-bien! sur plusieurs bancs.)

Dieu a placé l'homme sur la terre pour qu'il pût y développer ses facultés physiques et morales, d'après ses desseins éternels; mais en même temps il lui a donné la possibilité de vouloir, c'est-à-dire de choisir, après avoir comparé : si bien que nous n'avons qu'à nous connaître nous-mêmes, qu'à interroger notre conscience pour y trouver les véritables règles d'un gouvernement acceptable. (Même mouvement.)

Que faisons-nous nous-mêmes? Mais nous nous conformons à ces règles, mais nous ne nous laissons pas aller au fol entraînement de toutes nos facultés, nous les refrénons ; et quand nous sommes sages, quand nous sommes vraiment dignes du nom d'homme qui nous a été donné, c'est avec la raison que nous imposons silence aux passions qui pourraient nous mal conduire.

Eh bien, d'où vient la force de ce frein que nous nous imposons à nous-mêmes ; car, s'il n'était pas imposé au dedans de nous-mêmes, — et c'est Dieu qui l'a voulu, — comment se ferait la révolte ? Et si nous avions la pensée que c'est pour nous opprimer, pour nous contraindre, pour arrêter l'effort de nos facultés, que ce frein nous est ainsi imposé, nous le maudirions d'abord et nous chercherions à le secouer ensuite. De là résulte, suivant moi, de la manière la plus invincible, que la liberté doit nécessairement être l'origine du pouvoir.

Que veulent, en effet, ceux qui, d'après ma définition de tout à l'heure, ont pour mission d'imposer des règles à leurs semblables ? Ils veulent les conduire au bien ; ils veulent développer en eux toutes leurs facultés, suivant la raison, suivant la justice, suivant la morale. Et de même que l'homme n'a que cet intérêt, la société n'en a pas d'autre ; de même que l'homme n'accepte que le joug de sa raison, la société n'en peut pas vouloir d'autre. Si bien que le pouvoir n'est légitime qu'à la condition de venir du libre consentement, c'est-à-dire de la liberté. Le pouvoir n'est légitime qu'à la condition de ne vouloir que le respect de la dignité humaine et le développement de toutes les facultés de l'homme. (Approbation autour de l'orateur.)

Envisagée dans ces généralités, qu'il n'est pas inutile de regarder un instant, vous le voyez, l'identité du pouvoir et de la liberté vous apparaît comme une affirmation nécessaire. Ce qui ne veut pas dire que dans tous les temps, à tous les âges, le pouvoir ait eu cette origine. Nous savons à merveillle que les sociétés ont longtemps obéi à un principe différent, — non pas toutes les sociétés : je ne veux pas ici me lancer dans des digressions d'origine où je me perdrais tout d'abord et qui, d'ailleurs, m'éloigneraient de mon sujet, — mais ce que j'affirme, parce que c'est là un lieu commun accepté par tous, c'est que le pouvoir a deux grandes origines consacrées par l'histoire : la révélation et le libre consentement.

Et il ne faut pas dire, messieurs, parce qu'un pouvoir sort du libre consentement, qu'il ne puisse pas être despotique; il ne faut pas dire non plus qu'un pouvoir issu de la révélation ne puisse pas être tutélaire. Il se peut faire, — et l'histoire nous en offre des exemples que je n'ai pas besoin de signaler à votre attention, — il se peut qu'un pouvoir qui descend de la révélation protége la liberté, et qu'un pouvoir qui vient du libre consentement opprime les facultés de l'homme et devienne tyrannique.

Mais il y a, entre ces deux pouvoirs, cette différence capitale, que le premier, ne relevant que de Dieu, se croit tout permis, qu'il peut être représenté par un grand homme aujourd'hui, demain par un tyran infâme, tandis que dans l'autre pouvoir le libre consentement proteste toujours contre l'usurpation, car l'homme ne peut aliéner son principe immatériel : il ne consent jamais à la servitude que quand elle lui est imposée par une surprise. Il a toujours le droit de la briser. (Très-bien! autour de l'orateur.)

Ainsi, messieurs, vous le voyez, alors que nous interrogeons les origines du pouvoir et de la liberté, nous arrivons à cette conséquence indiscutable : qu'un pouvoir ne peut être légitime qu'à la condition d'être accepté ; qu'un pouvoir ne peut être légitime qu'à la condition d'avoir pour but unique le développement de toutes les libertés humaines.

Et s'il en est ainsi, au point de vue philosophique, je demande si l'histoire de la France, si son génie ne sont pas de tout point conformes à ces considérations.

Je me borne à toucher ces choses sans les développer ; et quand je me rappelle l'effort de la monarchie pour absorber en France le pouvoir absolu sur les ruines de la feodalité, qui défendait sur son sol la part de prérogatives qui lui appartenait, et la monarchie absolue succombant cependant à la peine devant l'explosion de l'esprit philosophique et libéral, je n'ai pas besoin de démontrer, devant la France de Descartes, de Pascal, de Rousseau, quel a été son rôle dans l'histoire ! Elle a tendu les mains à la liberté, elle a touché son idole, lorsqu'en 89 la vieille monarchie est tombée, et qu'au milieu d'orages lamentables sans doute, elle a pu cependant écrire dans sa constitution, en son style lapidaire, — permettez-moi de me servir de l'expression de l'honorable M. Thiers, — les principes éternels qui doivent garantir les sociétés humaines. (Très-bien! autour de l'orateur.)

Nous voici donc, après avoir franchi cette première proposition, arrivés à cette conséquence, que rien n'est plus faux, n'est plus dangereux, que de proposer aux hommes l'autorité comme indépendante de la liberté, ayant sa raison d'être par elle-même, ses prérogatives personnelles, devant se défendre contre l'homme qu'elle opprime quelquefois, qu'elle conseille, dont elle se constitue le tuteur officiel, malgré lui. Non! non! messieurs, dans la France du dix-neuvième siècle, il ne peut y avoir qu'un pouvoir accepté, délégué : nous n'avons plus de maître, nous n'avons qu'un mandataire, et quelque auguste que soit son rang, il n'a pas d'autre pouvoir sur la nation que ceux qu'il tient de la nation elle-même; il les exerce en son nom, il doit être son âme, il doit être sa volonté.

Plusieurs membres. C'est vrai! — Très-bien!

M. Jules Favre. Et s'il en est ainsi, je le ré-
pète, il n'y a pas combat et antagonisme entre
la liberté et le pouvoir; il y a identité de but,
identité de mission. Et quand nous examinons, les
faits sous les yeux, et la constitution de 1852
interrogée, si ces grands principes ont été mé-
connus par le législateur qui l'a proposée au
consentement du peuple, évidemment nous arrivons à cette conclusion : qu'il a été l'homme de
son temps, qu'il en a reconnu les nécessités,
qu'il a fait avec la nation un pacte solennel,
qu'ils sont l'un à l'autre réciproquement liés,
qu'il lui a demandé un pouvoir sorti légitimement
de la liberté, afin de garantir, de perfectionner
et de développer cette liberté elle-même.

Et puisque je touche ici à la seconde partie
de mon argumentation, permettez-moi de vous
dire que ce qui caractérise le mieux, non plus
dans la sphère philosophique, que j'abandonne
bien volontiers, mais dans la pratique, que ce
qui caractérise le mieux la liberté, c'est la séparation même des pouvoirs. Et comme, en réalité,
dans son ensemble, dans tous ses différents
moyens d'action, le pouvoir est multiple, comme

il garantit différentes facultés de l'homme, il a été nécessaire de le diviser, et partout où cette division est observée, la liberté est plus ou moins garantie; partout au contraire où elle est méconnue, quelles que soient les formes qu'on emploie, c'est le despotisme qui règne. Ce n'est pas moi qui le dis, c'est Montesquieu, et je vous demande la permission de mettre sous vos yeux deux lignes seulement qui justifient cette opinion, laquelle tout à l'heure va recevoir par l'autorité des faits une saisissante application : « Tout serait perdu, dit Montesquieu, si le même homme ou le même corps des principaux ou des nobles, ou du peuple, exerçaient ces trois pouvoirs : celui de faire des lois, celui d'exécuter les résolutions publiques, et celui de juger les crimes et les différends des particuliers. »

Et laissez-moi vous faire cette observation : lorsqu'en 1851 le Président de la République a dissous l'Assemblée législative, quand il s'est cru dans la nécessité de recourir à la mesure du coup d'État dont je ne veux pas parler, — assurément ces choses sont en dehors de la discussion actuelle, — quand il s'est cru dans cette nécessité, ce n'est pas contre la liberté que ses coups ont été dirigés. Je ne veux pas dire qu'elle n'ait pas succombé dans la lutte ; c'est, au contraire, ce dont je me plains ; mais si je consulte les document officiels, je vois qu'on lui a promis respect et garantie, et qu'on a voulu réagir contre le despotisme venu de la confusion des pouvoirs.

Et, dans la proclamation qu'il adresse à la nation, le 2 décembre 1851, le Président fait très-clairement ressortir cette vérité, se maintenant ainsi, dans la théorie du moins, d'accord avec Montesquieu. Ce qu'il accuse, ce n'est pas la liberté de la presse, ce n'est pas la liberté de réunion, ce n'est pas l'excès de la liberté individuelle ; ce qu'il accuse, c'est l'omnipotence d'une assemblée qui a usurpé et confondu dans sa main tous les pouvoirs.

Écoutez en effet, messieurs, comment il s'exprime dans le commencement de cette proclamation :

« La situation actuelle ne peut durer plus « longtemps. Chaque jour qui s'écoule aggrave « les dangers du pays. L'Assemblée, qui devait

« être le plus ferme appui de l'ordre, est deve-
« nue un foyer de complots. Le patriotisme de
« trois cents de ses membres n'a pu arrêter ses
« fatales tendances. Au lieu de faire des lois
« dans l'intérêt général, elle forge des armes
« pour la guerre civile ; elle attente au pouvoir
« que je tiens directement du peuple, et elle
« encourage les mauvaises passions. »

Ainsi, cet appel, qui est adressé au peuple, il
lui est adressé contre le despotisme, et en faveur
de la liberté, si bien en faveur de la liberté, que
dans le décret qui porte la même date je lis :
« Le suffrage universel est rétabli ; la loi du 31
« mai est abrogée. »

Et un peu plus bas, dans le même document
que je recommande à votre attention, je rencontre l'expression des mêmes préoccupations.

M. JÉRÔME DAVID. C'est un procès !

M. JULES FAVRE. C'est un procès, dit mon
honorable collègue ; alors l'histoire est un procès,
il est défendu d'y toucher.

M. JÉRÔME DAVID. Il est un genre d'histoire
qu'on ne doit pas faire, et qu'il n'est pas permis
de faire.

M. Eugène Pelletan. Vous avez donc quelque chose à cacher. (Bruit.)

M. Jules Favre. Si c'est un procès, on y rencontre un défenseur qui me paraît tout à fait inutile, je n'en veux pas dire davantage.

M. le baron Jérôme David. Je ne comprends pas la réponse.

M. Jules Favre. Je n'entends faire le procès à qui que ce soit; je cherche dans les bases mêmes de la Constitution quel est son esprit politique, et assurément, messieurs, jamais entreprise ne fut plus constitutionnelle. (Rires et approbations autour de l'orateur.)

Je lis dans le document dont je parle ce qui suit :

« Persuadé que l'instabilité du pouvoir, que
« la prépondérance d'une seule assemblée sont
« des causes permanentes de trouble et de dis-
« corde, je soumets à vos suffrages les bases
« suivantes d'une constitution que les assemblées
« développeront plus tard. »

Et parmi ces bases, — messieurs, vous le savez, on vous l'a souvent répété, mais notre devoir est de vous le répéter encore, — se rencontre ceci :

« Si vous croyez que la cause dont mon nom
« est le symbole, c'est-à-dire la France régé-
« nérée par la révolution de 89 et organisée par
« l'Empereur, est toujours la vôtre, proclamez-
« le en consacrant le pouvoir que je demande. »

Et enfin, messieurs, pour compléter ces citations, la constitution de 1852 débute par cette
déclaration, qui a été souvent répétée, mais qui
est la base de toute espèce de discussion :

« La constitution reconnaît, confirme et garantit les grands principes proclamés en 89, et qui
sont la base du droit public des Français :

« L'égalité civile ;

« La liberté individuelle ;

« La liberté des cultes ;

« La liberté de l'industrie ;

« La liberté du territoire ;

« La liberté de la presse ;

« Le droit de réunion ;

« Le droit de pétition ;

« La non-rétroactivité des lois pénales ;

« L'administration gratuite de la justice par
des magistrats nommés ou institués par l'autorité publique ;

« La responsabilité des magistrats et des agents du pouvoir exécutif ;

« Le droit pour tout citoyen d'être jugé par ses juges naturels, de ne pas être condamné sans avoir été mis à même de se défendre.

« L'institution d'une force publique essentiellement obéissante. »

Plusieurs voix. Eh bien ! eh bien !

M. BELMONTET. C'est ce qui lui arrive.

M. JULES FAVRE. Ce sont de nobles paroles auxquelles j'applaudis et auxquelles je m'associe ; mais, je vous en prends tous à témoin, est-ce qu'elles ne sont pas en parfaite conformité avec les principes de 89 ? est-ce que les principes de 89 n'en sont pas la naturelle application ?

Eh bien, après avoir ainsi promis d'appuyer la Constitution sur ces principes, l'Empereur s'est cru dans la nécessité de retarder cette réalisation.

Je n'ai point à examiner ici quelles ont été les déterminations politiques auxquelles il a cédé ; je ne constate que des faits, et ces faits, je les rencontre dans les paroles mêmes de l'Empereur, lesquelles, quand elles vont être adressées à la France, c'est-à-dire à ses mandataires, confirmeront ces promesses solennelles, ces sublimes espérances contenues dans le préambule de la constitution de 1852.

En effet, la première fois où l'Empereur se trouva vis-à-vis du Corps législatif, en 1852, voici quelles furent ses paroles :

« Le lendemain d'une révolution, la première « des garanties pour un peuple ne consiste pas « dans l'usage immodéré de la tribune et de la « presse ; elle est dans le droit de choisir le « gouvernement qui lui convient. »

Et un peu plus bas :

«... Cette constitution, qui dès aujourd'hui « va être mise en pratique, n'est donc pas « l'œuvre d'une vaine théorie ou du despotisme : « c'est l'œuvre de l'expérience et de la raison. « Vous m'aiderez, messieurs, à la consolider, à « l'étendre et à l'améliorer. »

Voilà les grands principes qui sont reconnus, confirmés et garantis par la constitution de 1852, et voici au nom de quels principes a été opéré le mouvement de 1851.

Je dis, parce que cette vérité me semble capitale, que le mouvement de 1851 a été dirigé contre une assemblée qu'on dénonçait comme despotique, parce qu'elle avait usurpé la totalité des pouvoirs, et qu'on a promis au peuple français, — ce que le peuple a accepté, — une constitution reposant sur les principes de 1789, dont vous venez d'entendre l'énumération.

Et comment en aurait-il été autrement? Le langage du président avait toujours été le même. Je ne fais, aux documents officiels, qu'un emprunt à cet égard.

M. LE PRÉSIDENT WALEWSKI se lève et se tourne vers l'orateur.

M. JULES FAVRE. Soyez sûr, monsieur le Président, que je ne dirai pas un mot que vous puissiez reprendre, pas un mot, je m'y engage; et je ne crois pas être téméraire en prenant cet engagement.

Ainsi, dans une réunion où se trouvait le Président de la République, à la date du 25 novembre 1851, et où il était question de distribuer les récompenses aux exposants de Londres, je lis, dans ce discours qu'il a prononcé à cette occasion, ce qui suit : « J'ai déjà rendu un juste hommage à la grande pensée qui présida à l'Exposition universelle de Londres; mais au moment de couronner vos succès par une récompense nationale, puis-je oublier que tant de merveilles de l'industrie ont été commencées au bruit de l'émeute et achevées au milieu d'une société sans cesse agitée par la crainte du présent, comme par les menaces de l'avenir? Et, en réfléchissant aux obstacles qu'il vous a fallu vaincre, je me suis dit : Combien elle serait grande, cette nation, si l'on voulait la laisser respirer à l'aise et vivre de sa vie ! »

En 1853, l'Empereur se trouve encore vis-à-vis du Corps législatif, et voici quel est le langage qu'il lui tient :

« Il y a un an, je vous réunissais dans cette enceinte pour inaugurer la constitution promulguée en vertu des pouvoirs que le peuple m'avait conférés. Depuis cette époque, le calme n'a pas été troublé. »

« A ceux qui regretteraient qu'une part plus large n'ait pas été faite à la liberté, je répondrai : La liberté n'a jamais été la base d'un édifice politique durable, elle le couronne quand le temps l'a consolidé. »

Ainsi, un an après la constitution, l'Empereur reconnaissait qu'elle ne pouvait encore être complétement appliquée, que la liberté serait donnée plus tard, qu'elle serait le couronnement de l'édifice, et, si vous voulez parcourir tous les discours prononcés par l'Empereur devant le Corps législatif, vous y trouverez toujours la confirmation des mêmes assurances, l'espérance donnée au pays que les institutions pourront être développées dans le sens de la liberté, c'est-à-dire que la liberté ne sera pas indéfiniment suspendue ; et si, en 1854, en 1855, nous ne rencontrons pas de déclarations semblables, c'est que la France était occupée au dehors et que la grandeur des entreprises auxquelles elle était mêlée l'avait forcément distraite de ses affaires intérieures.

Mais en 1859, et peu de temps après la guerre d'Italie, l'Empereur, dans la réunion solennelle qui le rapprochait du Corps législatif, constate que, malgré la prospérité dont jouit la France, un trouble moral s'est emparé d'elle : « La

15.

France, vous le savez, a vu, depuis six ans, son bien-être augmenter, ses richesses s'accroître, ses dissensions intestines s'éteindre, son crédit se relever; et cependant il surgit par intervalles, au milieu du calme, de la prospérité générale, une inquiétude vague, une sourde agitation qui, sans cause bien définie, s'empare de certains esprits et altère la confiance publique. »

Toutefois, dans les discours de 1863, de 1864, de 1865, nous rencontrons le reflet des paroles de 1852 et de 1853.

« Néanmoins, dit l'Empereur en 1863, il reste beaucoup à faire pour perfectionner nos institutions, répandre les idées vraies et accoutumer le pays à compter sur lui-même. »

Je le demande à tout homme de bonne foi, ce langage est-il conciliable avec celui qui a été tenu dans le discours de la couronne en 1866, où je lis ces paroles :

« N'a-t-on pas assez discuté, depuis quatre-vingts ans, les théories gouvernementales? N'est-il pas plus utile de chercher les moyens pratiques de rendre meilleur le sort moral et matériel du peuple? Employons-nous à répandre partout, avec les lumières, les saines doctrines économiques, l'amour du bien et les principes religieux; cherchons à résoudre, par la liberté des transactions, le difficile problème de la juste répartition des forces productives, et tâchons d'améliorer les conditions du travail dans les champs comme dans les ateliers. »

Un membre. N'est-ce pas ce qu'on a fait?

M. Jules Favre. N'est-il pas évident pour tous qu'il s'est opéré un changement dans la politique impériale, et qu'au lieu des espérances qui s'étaient conservées dans toutes ses autres déclarations, on dit à la France que tout est consommé à cet égard? (Réclamations nombreuses.)

Un membre. On n'a pas dit cela.

M. Jules Favre. J'ai dit en commençant que, si j'étais convaincu d'erreur, j'en serais heureux, et c'est la Chambre qui m'apprendra si je me suis trompé. (Mouvements divers.) Mais lorsque je lis, dans le discours auquel je faisais allusion tout à l'heure, ce qui suit : « Au sein de ces prospérités toujours croissantes, les esprits inquiets, sous le prétexte de hâter la marche libérale du gouvernement, voudraient l'empêcher de marcher... »

M. LE MARQUIS DE PIRÉ. Cela c'est vrai! cela c'est excellent! Soyez monarchique et dynastique avec nous, et nous demanderons la liberté avec vous!

Plusieurs voix. Très-bien! très-bien!

M. GLAIS-BIZOIN. Donnez-nous les libertés qui sont notre droit!

M. JULES FAVRE. Mon honorable interrupteur me fait l'honneur de me dire que « ceci est excellent. » Je demande à expliquer comment cette expression « d'esprits inquiets » a pu faire naître des inquiétudes sur lesquelles il est indispensable que la Chambre se prononce. Et quand, après quinze ans d'un gouvernement calme et régulier, on proclame partout que les passions sont apaisées, que les partis sont désarmés... (Exclamations et dénégations.)

Qu'avez-vous donc fait de votre pouvoir, si vous n'avez pas apaisé les passions?

Et quand, dans le discours de la couronne, je rencontre ces mots, que « les passions sont apaisées, » je me demande si ceux qui me font

l'honneur de m'interrompre ne sont pas irres-
pectueux pour la couronne elle-même. (Non!
non! — Mouvement prolongé.)

M. LE MARQUIS DE PIRÉ. Vous voulez faire de
l'agitation avec la presse, avec l'instruction obligatoire, et autres choses analogues.

M. JULES FAVRE. Messieurs, j'avais pris devant
vous l'engagement de démontrer que la constitution de 1852 était en parfaite conformité avec
les principes généraux que j'ai essayé d'indiquer.
Je viens de le prouver, non pas seulement par
son texte, mais encore par les déclarations répétées de son auteur. Et c'est ici que j'ajoute que,
malheureusement, cette constitution de 1852, en
ce qui touche les libertés qu'elle devait garantir,
protéger et développer, n'a encore reçu aucune
application. (Oh! oh! — Réclamations sur plusieurs bancs. — Très-bien autour de l'orateur.)

M. BELMONTET. Vous êtes injuste et ingrat!

M. JULES FAVRE. Eh quoi! contesterez-vous les
bases de la constitution que je viens de rappeler?
Y a-t-il dans cette Chambre un homme assez
habile pour en obscurcir la clarté? Et si nul ne
peut l'entreprendre, j'affirme avec la même con-

viction qu'il n'y a pas un seul de mes honorables collègues qui pourrait dire que les principes de 89, résumés par le programme que je viens de lire, sont appliqués par les lois... (Interruption.)

M. LE MARQUIS DE PIRÉ. Et le décret du 24 novembre !

M. JULES FAVRE. Je comprends que ce qui me reste à accomplir de la tâche que je me suis proposée est difficile, et ce n'est pas de ma part une vaine précaution oratoire que de solliciter une troisième fois votre indulgence. (Mouvement.)

Mais vous reconnaîtrez que nous sommes en face d'une difficulté qui naît, non plus seulement de l'opinion des membres de la gauche, mais encore de l'opinion de quelques-uns de nos honorables collègues... (Ah! ah!) et, suivant nous, de l'opinion de votre commission de l'adresse (Mouvements divers); car votre commission de l'adresse a employé une rédaction qui est évidemment différente de celle du discours du trône. (Non! non!) Elle a eu une pensée, et cette pensée, je cherche à la justifier.

Eh bien, je disais que, la constitution de 1852 ayant garanti les principes qui y sont insérés, nous avons le droit de rechercher si les lois en contiennent l'application, ou si, au contraire, ces lois les suppriment.

Je pourrais entreprendre la longue énumération de ces principes, et à chacun d'eux je serais forcé de constater avec tristesse que ces principes sont un vain mot (Interruptions); mais je résume ma pensée en disant que, toujours cédant à des déterminations politiques qu'il ne me convient pas de juger à l'heure où je suis, le pouvoir a cru qu'il était dans sa mission d'absorber, autant qu'il était en lui, toutes les forces vives de la nation et de les diriger.

Cette mission lui est apparue comme la sienne; il est évident qu'il se l'impose. Nous croyons qu'il est dans l'erreur et nous avons le droit de le lui dire; et si cette erreur devait être fatale au pays, et si elle avait pour conséquence de troubler l'harmonie des grands pouvoirs de l'État et de nous exposer plus tard à des commotions, nous remplirions un devoir patriotique en disant à cet égard toute notre pensée. (Approbation autour de l'orateur.)

Eh bien, une vérité que j'affirme, c'est que le

pouvoir exécutif, qui est sorti du libre consentement du peuple, qui doit sa naissance à la liberté,
a cru qu'il était de son devoir d'en suspendre
l'exercice... (Réclamations sur plusieurs bancs),
de nier aujourd'hui ses prérogatives, de dire que
la constitution de 1852, telle qu'elle est appliquée, ne doit recevoir aucun perfectionnement...
(Interruptions et rumeurs.) Si c'est là l'état des
choses, nous avons bien le droit de l'examiner
et de savoir s'il ne contient pas des périls contre
lesquels vous devez réagir.

Je pourrais, ainsi que je le disais tout à
l'heure, prendre une à une chacune de ces
libertés, et démontrer que, dans l'application, le
gouvernement est aussi loin des promesses qui
ont fait consentir la France à la constitution de
1852 (Exclamations sur plusieurs bancs)... aussi
loin de ses promesses que la négation l'est de
l'affirmation. (Rumeurs et bruits.)

M. GRANIER DE CASSAGNAC. On ne peut pas
laisser dire que l'Empereur a trompé le pays !

M. JULES FAVRE. Je parle de la liberté de la
presse, je n'en dirai qu'un mot, et il est impossible de ne pas le dire : la liberté de la presse,

— c'est ce qu'ont proclamé tous les publicistes, tous les penseurs, — est la première de toutes. (Interruption.)

M. GRANIER DE CASSAGNAC. Allons donc!

M. JULES FAVRE. Vous ne voulez pas entendre ces choses, et c'est un journaliste qui m'interrompt particulièrement... (Rumeurs diverses. — Rires sur quelques bancs.)

M. LE PRÉSIDENT WALEWSKI. Je dois rappeler à l'orateur qu'il est de son devoir d'éviter toute personnalité.

M. JULES FAVRE. La liberté de la presse, sur laquelle je n'ai rien à dire pour justifier son importance capitale, qui est l'essence même de la liberté d'une grande nation, la liberté de la presse est exclusivement dans la main du pouvoir; elle y est, par la nécessité de l'autorisation et par la possibilité de la suppression. Et alors, messieurs, qu'il est impossible à une feuille de naître sans le consentement du pouvoir, il est vrai de dire que cette liberté n'existe que par tolérance, c'est-à-dire qu'elle n'existe pas. (Interruptions sur plusieurs bancs.)

Autour de l'orateur. C'est vrai!

M. Jules Favre. Est-ce qu'il n'y a pas pour nous quelque chose de profondément humiliant dans une situation de cette nature?

Comment! voici que dans un grand centre de population l'élite des citoyens se réunissent; ils estiment qu'il est opportun, convenable pour les intérêts locaux comme pour les intérêts généraux d'avoir un organe qui puisse représenter leurs opinions; il y a des questions considérables qui peuvent être engagées, que la discussion éclaircira. Eh bien, ces citoyens verront leurs opinions étouffées par un préfet dont la main mettra sur leur bouche un bâillon qui lui aura été envoyé par le ministre. (Exclamations. — Très-bien! sur quelques bancs.)

Voilà comment la liberté de la pensée, la liberté de l'expression de l'opinion publique, qui devrait être la force d'un gouvernement, n'est qu'un vain mot. Le gouvernement se penche sur lui-même pour connaître sa propre opinion; quant à l'opinion publique, elle ne peut arriver jusqu'à lui. (Réclamations sur un grand nombre de bancs. — Assentiment autour de l'orateur.)

Je parle de l'autorisation, messieurs; mais

quand on touche au système des avertissements et de la suppression, on rencontre cette confusion des pouvoirs dont Montesquieu parlait, en la signalant comme une condition du despotisme.

Oui, la confusion des pouvoirs est ici absolue. Le pouvoir exécutif juge, le pouvoir exécutif dispose de la propriété individuelle, le pouvoir exécutif arrête le travail; et s'il avait autorisé, alors qu'il s'agissait de savoir si un journal pourrait être établi, ici il coupe l'arbre par la racine, et; quand il s'est développé, quand l'opinion publique lui a permis de naître et de grandir, le pouvoir, voyant que cette création lui est défavorable, la fait disparaître et avec elle les intérêts privés qui s'y rattachent.

Et vous appelez cela le système de 1789! Laissez-moi l'appeler la parodie et la négation de ce système. (Bruyante interruption. — Réclamations nombreuses. — Cris : à l'ordre! à l'ordre!)

M. le président Walewski. Monsieur Jules Favre, je suis obligé de vous rappeler à l'ordre. Il n'est pas permis de dire que le gouvernement actuel est une parodie; je ne le souffrirai pas. (Très-bien! très-bien!)

M. Ernest Picard. M. Jules Favre a parlé de la législation sur la presse... (Interruption.)

M. Garnier-Pagès, *au milieu du bruit*. Monsieur le Président, la législation... (N'interrompez pas! — A l'ordre! à l'ordre!)

M. le président Walewski. Monsieur Garnier-Pagès, vous n'avez pas la parole.

M. Jules Favre. Monsieur le Président, je vous demande la permission de vous adresser une observation.

M. le président Walewski. Je vous écoute.

M. Jules Favre. Cette observation, elle est utile pour nous tous.

Certes, personne ne rend plus hommage que moi à la loyauté avec laquelle vous dirigez nos délibérations, mais il peut arriver que dans leur promptitude le règlement quelquefois vous échappe. Or la peine du rappel à l'ordre est toujours grave. (Mouvement.) Ce n'est pas, messieurs, sans une certaine tristesse qu'un orateur peut l'encourir. Il a toujours été d'usage, et cet usage est consacré par le règlement, qu'avant de rappeler l'orateur à l'ordre, le président lui donnât la parole pour expliquer sa pensée.

M. LE PRÉSIDENT WALEWSKI. Après, mais pas avant !

Voici l'art. 77 du règlement :

« Le président rappelle seul à l'ordre l'orateur qui s'en écarte. La parole est accordée à celui qui, rappelé à l'ordre, s'y est soumis et demande à se justifier ; il obtient seul la parole. »

Je vous donne la parole pour vous justifier. (Très-bien ! très-bien ! — Vives et nombreuses acclamations.)

M. JULES FAVRE. C'est moi qui me suis trompé, et j'en demande pardon à la Chambre. J'avais cru que l'explication devait précéder la peine, elle vient après ; c'est un règlement nouveau que j'avais mal lu. (Bruits divers.)

Un membre. Il y a douze ans qu'il existe !

M. JULES FAVRE. Maintenant voulez-vous une explication ? Elle est bien simple.

Ma thèse est celle-ci : la constitution garantit des principes qui ne sont pas appliqués par la legislation. Lorsque je me suis servi du mot qui a échappé à mon improvisation...

Un membre. Oh, non ! (Exclamations.)

M. JULES FAVRE... Et que je retire volontiers...
(Interruptions.)

M. LE DUC DE MARMIER. L'interrupteur mérite-
rait d'être rappelé à l'ordre.

M. EUGÈNE PELLETAN. A l'ordre le membre
qui a dit : Non! Il faut que la justice soit égale
pour tous!

M. ÉMILE OLLIVIER. Oui, cela mérite un rappel
à l'ordre, monsieur le Président!

M. JULES FAVRE. Je ne voudrais, pour rappeler à l'ordre le membre qui vient d'interrompre, que le voir un instant à ma place : il
apprécierait si on y est à son aise. (On rit. —
Très-bien!)

Je disais que ce mot qui était échappé à mon
improvisation, qui cherchait à rendre ma pensée,
— et c'est un travail toujours difficile, — ce mot
signifiait précisément que les lois organiques ne
sont pas en accord avec la constitution (Murmures), que la constitution affirme les principes
de 1789, et que les lois organiques ne les consacrent pas, qu'elles les suppriment! (Nouveaux
murmures.) La liberté de la presse n'existe pas!
(Bruit.)

Voilà mon explication.

Maintenant je me soumets respectueusement au rappel à l'ordre de M. le Président, s'il juge convenable de le prononcer...

Plusieurs membres. Il est prononcé !

M. Jules Favre. Messieurs, j'ai parlé de la liberté de la presse ; je pourrais parler du droit de réunion ; mais je me bornerai à citer deux faits, à cet égard, et comme exemples de cette liberté telle qu'elle est entendue actuellement.

Le premier, c'est que l'article 291 du code pénal a été si bien aggravé, qu'en dehors de cette enceinte, il ne nous est pas permis, à nous, membres du parlement français, de réunir autour de nous plus de 21 personnes, sans être traînés en police correctionnelle.

Quelques membres. La loi est faite pour tous !

M. Jules Favre. Le second, c'est qu'il est arrivé que des négociants français, voulant se réunir pour discuter sur leurs intérêts, ont été inquiétés par l'administration, et qu'ils ont été dans la nécessité, — au XIXe siècle ! — d'aller chercher le salut sur la terre libre de la Suisse, quittant ainsi leur patrie asservie... (Rumeurs et dénégations), et cela pour causer de la culture de la vigne et de l'oïdium.

Voilà comment les principes de 89 sont compris et appliqués en ce qui touche le droit de réunion.

Mais je veux me borner, messieurs; je sais que je vous fatigue. (Non! non! — Parlez!)

Ce que je veux dire, avant de clore ma discussion, sur ce point, — et celui qui va le suivre ne comportera que quelques mots, ne vous effrayez pas, — ce que je veux dire, c'est que ces libertés, que vous pouvez parcourir en cherchant les lois qui les ont consacrées, n'existent en réalité que sur le papier (Oh! oh!), et qu'il appartient au gouvernement d'en modérer, c'est-à-dire d'en supprimer l'exercice. (Non! non!)

Je prends la plus considérable de toutes, celle qui doit être la plus chère, celle qui très-certainement devrait faire la force du gouvernement; je veux parler, messieurs, de la liberté électorale.

N'est-il pas incontestable qu'alors qu'il s'agit de choisir les mandataires de la nation, le gouvernement, c'est-à-dire le pouvoir exécutif, a l'intérêt le plus direct et le mieux établi à n'être pas trompé? Eh bien, je suppose, pour un instant, — et ceci est une pure hypothèse, — que le gouvernement compose une chambre qui ne représente que sa propre opinion et non celle du pays : il gouvernerait avec cette chambre, mais il exciterait chaque jour, de plus en plus, le mécontentement public, et il finirait forcément par se heurter à une révolution. Le bienfait d'un gouvernement représentatif est de mettre perpétuellement le pouvoir exécutif en communication avec l'opinion publique par l'intermédiaire de ses représentants ; d'où il suit, — et c'est une vérité tellement élémentaire que j'ai presque honte de l'énoncer devant vous, — d'où il suit que, non pas le devoir, — je n'en parle pas, quant à présent, — mais l'intérêt du gouvernement est d'avoir des représentants qui soient exactement le modèle et l'image de l'opinion du pays. (Mouvements divers.)

Un membre. C'est précisément ce qui existe aujourd'hui !

M. JULES FAVRE. Pourquoi le gouvernement se conduit-il de manière à faire supposer à tous les esprits inquiets qu'au lieu de vouloir abandonner l'opinion du pays à elle-même, il la dirige et quelquefois il agit sur elle par contrainte? (Réclamations sur un grand nombre de bancs.)

M. LE MARQUIS DE PIRÉ. Vous voudriez accaparer l'opinion publique à votre profit contre le gouvernement! Le gouvernement a le droit de se défendre. (Bruit.)

M. LE PRÉSIDENT WALEWSKI. N'interrompez pas l'orateur, monsieur de Piré; vous n'avez pas la parole.

M. JULES FAVRE. On a fait souvent cette observation, — et je vous assure que je n'y ai jamais entendu faire une réponse satisfaisante : — lorsque le gouvernement présente un candidat officiel, de deux choses l'une : ou bien ce candidat exprime l'opinion publique, et alors on n'a qu'à laisser faire les populations elles-mêmes; ou bien, au contraire, il mécontente l'opinion publique, et alors, en l'imposant, quand le gouvernement croit avoir gagné la victoire, il est vraiment battu, car on lui impose quelque chose qui n'est plus son exact instrument; l'instrument cesse de fonctionner comme la constitution et les principes l'auraient voulu; et le gouvernement, au lieu de s'appuyer sur une base solide, ne s'appuie que sur une base précaire.

Mais ce que je veux surtout prouver à la Chambre, c'est qu'il y a altération des véritables principes constitutionnels, et qu'en raison de cette mission que le pouvoir exécutif s'est attribuée de gouverner, il a conduit la France en dehors d'elle, en dehors de sa volonté en lui indiquant le chemin qu'elle doit suivre. (Exclamations et rumeurs.)

Messieurs, laissez-moi justifier cette proposition par une citation, qui n'est pas factieuse, car elle émane de M. le ministre d'État; vous allez voir comment M. le ministre d'État comprend cette théorie constitutionnelle. (Bruit.) Quant à moi, je ne demande qu'à être réfuté, je ne demande qu'à être confondu, je ne demande qu'une chose : c'est que demain les ministres viennent nous apporter des lois qui mettent les principes de 1789 en application, qui fassent que la constitution ne soit pas en complète opposition avec la législation qui est censée l'appliquer. Qu'ils fassent ces choses, et alors, messieurs, je déserterai les bancs de l'opposition, et alors je comprendrai que mon devoir est d'appuyer ceux qui doivent rétablir la liberté en France. (Mouvements divers.) Mais tant que, au contraire, cette liberté ne sera qu'une promesse et qu'un leurre, je serai debout pour combattre pour les véritables principes. (Très-bien! très-bien! autour de l'orateur.)

Eh bien, voici ce que disait M. le ministre d'État dans une autre enceinte :

« C'est la science des gouvernements, c'est la sagesse de la bonne politique que d'interroger incessamment les sentiments du pays, et d'en tenir compte dans la mesure de ce qui est vrai et de ce qui est prudent. »

Voix nombreuses. Très-bien! très-bien! — Le ministre avait raison!

M. Jules Favre. Ainsi le pays et la Chambre sont des pouvoirs consultatifs : ils donnent leur opinion, et on peut agir contrairement à cette opinion : le gouvernement représente l'infaillibilité, la sagesse, la prudence supérieure; toutes ces qualités lui appartiennent. Le pays, il dit ce qu'il peut vouloir dire : on en tiendra compte, si on veut; mais sa volonté pourra ne pas être respectée.

Voilà la théorie que je combats ; elle est celle du pouvoir personnel, elle est la restauration du droit divin. (Interruption.) Voilà ce que la Chambre a intérêt à envisager en face afin de pouvoir en juger.

Et ceci étant constaté, qui pourrait me contester que les résultats de cet antagonisme entre les principes et la loi, entre la constitution de 1852 et les prescriptions législatives qui devaient la féconder et la déveloper, et qui, au contraire, la faussent et l'altèrent, aient créé à la France une situation difficile et périlleuse ?

Ah ! je pourrais, à cet égard, multiplier les exemples ; je pourrais vous montrer combien les destinées du pays sont compromises par cette altération de sa politique véritable.

Je me contente, en ce qui touche la politique extérieure, de vous rappeler ce qui est certainement au fond de toutes vos consciences, ces expéditions lointaines qui ont si gravement engagé les intérêts du pays. (Exclamations diverses.) Croyez-vous que, si le pays eût été consulté, il les eût jamais approuvées ? Croyez-vous que, s'il avait été maître de ses destinées,

16.

il eût envoyé de l'autre côté de l'Atlantique nos soldats et nos trésors? Ah! dans une de vos dernières séances, lorsque j'entendais vos honorables et éloquents orateurs se faire les interprètes convaincus des souffrances de l'agriculture, il m'était impossible de ne pas penser à tous ces soldats qu'on lui a arrachés, à ces enfants de la France qui féconderaient son sol, à ces 600 millions qui ont été ainsi gaspillés (Mouvement) pour une entreprise dont le moindre défaut était d'être impossible, et qui, dépensés en routes sur son sol ou recueillis en épargnes au profit de son industrie, en auraient transformé la face et l'économie. (Assentiment de l'orateur.)

Voilà les conséquences et les enseignements du pouvoir personnel se séparant de la nation...

Plusieurs membres. Le pouvoir ne se sépare pas de la nation!

M. Jules Favre..... La consultant sans doute, mais faisant ce qu'elle ne veut pas faire, parce qu'il croit en avoir le droit... (Interruption.)

Je le demande à ceux de nos honorables collègues qui réclameront la parole pour entreprendre la réfutation de ce que je viens d'avancer : Quel est donc le régime intérieur que vous nous avez fait? Tantôt vous dites que les passions sont complétement apaisées, et, vous vous vantez de la magnificence de vos conceptions politiques; tantôt, au contraire, vous dites que les passions grondent; que les partis sont armés et que la liberté doit nous être encore refusée.

Soyez donc conséquents avec vous-mêmes! Si vous voulez des mœurs publiques, ayez d'abord des citoyens, et si voulez avoir des citoyens, ayez des institutions qui les puissent former! Ne dites pas seulement : La France est prospère, elle est glorieuse!...

Oui, la France est saturée de gloire militaire! oui, elle peut se rendre cette justice, que la science de ses penseurs, de ses hommes d'État, de tous ceux qui l'ont illustrée, a porté sa prospérité à un très-haut degré! Mais est-ce tout pour elle? Est-ce qu'elle n'a pas besoin aussi de dignité et de grandeur morale? (Vives rumeurs sur un grand nombre de bancs.) Est-ce que vous les lui assurez complétement?

Et si je voulais interroger la littérature moderne, qui est l'expression des mœurs, est-ce que je n'aurais pas à présenter à la Chambre des observations saisissantes?

Et tenez, c'est un point sur lequel vous régnez en souverain maître. Vous avez décrété la liberté des théâtres, mais avec la censure vous faites ce que vous voulez sur la scène publique : et qu'y faites-vous? grand Dieu! Vous forcez un homme de cœur à s'éloigner en vous lançant cette sorte d'insulte : « J'ai voulu parler de vertu et de dévouement, ce ne sont pas là des actualités, et je suis chassé du temple qui leur était consacré. » (Mouvement.)

Et ailleurs, que faites-vous de la scène française? Vous en avez fait un foyer de libertinage et d'impudicité; vous y exposez de honteuses nudités. (Murmures.)

Quelques voix. C'est vrai.

M. Jules Favre. Vous avez dans les mains une loi qui a été faite pour empêcher le travail des enfants dans les manufactures, et vous souillez l'enfance sur vos théâtres privilégiés, en lui faisant représenter le type et le modèle de la dégradation et du cynisme, au scandale de tous les honnêtes gens! (Mouvement en sens divers.)

Et puis, vous ouvrez des bals masqués, et vous dites : Venez jouir et boire à la coupe que j'ai approchée de vos lèvres! (Exclamations et murmures sur un très-grand nombre de bancs. — Marques d'approbation autour de l'orateur.)

Quant à moi, je vous réponds : La France veut autre chose: elle veut jouir de ses libertés morales.

Et s'il m'était permis de faire appel à une voix bien plus grande que la mienne, et de vous rappeler cette parole sublime, qui est toujours restée dans ma mémoire, et que prononçait un grand homme, un génie dont l'Église a fait une de ses gloires, et qui appartient à l'humanité tout entière, par les lettres, par la science, par l'éloquence, je m'écrierais avec saint Augustin, quand, après s'être saturé de toutes les voluptés humaines, il cherchait ailleurs que dans les satisfactions sensuelles l'apaisement de son âme agitée, il disait : « *Fecisti nos ad te, Deus; et irrequietum est cor nostrum, donec requiescat in te.* »

Non! nous ne sommes pas faits pour les voluptés terrestres. Nous pouvons être grands et honorés dans ce monde ; mais nous ne sommes rien si nous ne pouvons lever les yeux vers le ciel, et nous ne le pouvons pas si nous ne sommes pas libres ! (Marques d'approbation mêlées d'applaudissements autour de l'orateur.)

IV

DISCOURS

SUR LA PROPRIÉTÉ LITTÉRAIRE

PRONONCÉ

dans la séance du 4 juin 1866,

———

M. LE PRÉSIDENT WALEWSKI. M. Jules Favre
a la parole.

M. JULES FAVRE. Messieurs, je voudrais, si la
Chambre m'en donne la permission, faire trêve
un instant aux souvenirs historiques, d'ailleurs
fort délicats, qui viennent d'être évoqués par
notre honorable rapporteur, et rechercher après
lui quel est les sens véritable de la loi que
vous avez à voter, non plus dans son principe,
sur lequel une discussion générale est passée,

mais dans ses applications spéciales, qui peuvent nous permettre de la mesurer et de la juger.

S'il m'était possible de choisir en dehors des préoccupations forcées de mon esprit, j'irais volontiers au projet de loi, et j'éprouve une sorte de contrariété à n'être pas complétement d'accord avec ses honorables auteurs. Ils ont voulu l'amélioration du sort des gens de lettres, de tous ceux qui vivent de leur pensée, de tous ceux qui la répandent dans le monde. Notre honorable rapporteur a eu raison de dire qu'à cet égard il ne peut y avoir dans la Chambre qu'un sentiment unanime.

Mais, messieurs, pour satisfaire à de telles nécessités, il importe avant tout d'être fidèle aux principes, de ne point les altérer, et, pour ne point les altérer, il faut tout d'abord les poser d'une main ferme.

Or, si je ne me trompe, c'est là l'œuvre à laquelle les auteurs du projet de loi n'ont pas suffisamment pensé. Leur projet me paraît être plutôt un expédient qu'une œuvre législative, et c'est pour cela qu'à mon grand regret je ne puis m'y associer, et, pour ne pas sortir de la spécialité que m'impose la discussion actuelle, c'est à l'art. 1er que je m'attache.

Cet art. 1er me paraît de tous points inacceptable : d'abord parce qu'il renferme une dérogation au droit de la femme, dérogation inutile et par conséquent dangereuse ; ensuite, parce qu'il contient une seconde dérogation au droit commun, bien plus grave que la première, en ce qui concerne le droit de tester ; tout cela, messieurs, sans qu'il y ait eu, je ne dirai pas seulement dans le travail de votre honorable rapporteur, mais dans les discours qui ont été prononcés au soutien de la loi, une seule raison qui puisse justifier une exception aussi considérable.

Permettez-moi de le dire, c'est un peu un signe du temps, contre lequel vous devez réagir, que cette disposition à tout prendre par le menu. J'ai déjà eu occasion d'exprimer cette réflexion et peut-être aura-t-elle trouvé quelque crédit parmi quelques-uns de mes honorables collègues : on glorifie la législation, on l'admire, mais à la condition de l'accommoder à son usage, d'y faire une sorte de percée, et, s'il m'était permi de me servir d'un mot qui traduirait ma pensée, de l'exproprier partiellement pour cause d'utilité de tel ou tel gouvernement.

Je considère un pareil procédé comme essentiellement dangereux. La législation est une œuvre d'ensemble, et c'est d'ensemble aussi qu'il faut l'envisager.

Veut-on la réformer? Qu'on l'examine, qu'on la livre à l'étude, et qu'après les libres penseurs, dont les travaux nous éclairent, vous, messieurs, par vos méditations, par votre sagesse, vous apportiez à cette œuvre, dont notre temps a besoin, la part que vous avez à y apporter. C'est le dernier mot que vous avez à prononcer, ce doit être le plus grave, et, dans tous les cas, c'est celui qui sera marqué au coin de la plus haute autorité.

Je ne peux donc souscrire à cette méthode, qui me semble dangereuse, d'affirmer sans cesse les principes de droit commun, pour s'en écarter sans cesse. Nous avons plus d'une fois signalé ce que ces tendances avaient de funeste en politique; elles ne sont pas plus acceptables dans la législation ordinaire.

Et ici vous voulez réglementer les droits des auteurs, vous voulez que ces droits soient respectés, non-seulement de leur vivant, mais encore après leur mort, et vous avez choisi, parmi ceux qui les entourent, ceux qui étaient le mieux placés pour accomplir cette œuvre désirable.

Je n'examine pas comment la commission a été conduite, après avoir discuté et après avoir nié le droit de propriété dans son essence, à le consacrer pour ainsi dire, en ce qui concerne la veuve...

M. Jules Simon. Je demande la parole.

M. Jules Favre... Et surtout à l'exagérer et à le dénaturer.

L'article que vous avez à voter contient cette innovation, sur laquelle l'honorable M. Paulmier a déjà appelé votre attention, que la veuve est appelée à jouir d'un droit privilégié, puisque, après la mort de son mari, elle est investie du droit utile que celui-ci exerçait de son vivant; et ici je ferai une question à la commission, je lui demanderai ce qu'elle entend par les mots qu'elle a employés, mots que je ne trouve pas suffisamment juridiques. Elle a dit que la veuve est appelée à exercer la jouissance du droit.

Est-ce l'usufruit? Est-ce au contraire le droit réel de propriété? car l'auteur exerce sur son œuvre, ceci ne peut être contesté, la souveraineté absolue. Dans le droit actuel, ce droit complet passe à ses successeurs; et dans le système de 1854, ce droit est suspendu et modifié par l'usufruit de la veuve. Ici il ne saurait y avoir de question; il est bien certain que dans le système de la loi de 1854 il ne s'agit que de l'usufruit.

Le projet de loi qui vous est soumis laisse la question dans le vague, et je voudrais avant tout qu'elle fût éclaircie, qu'il n'y eût aucune équivoque. Le devoir du législateur est d'être clair, sous peine de faire naître de regrettables conflits.

Mais, après avoir fait cette observation, je vais plus loin. Le projet de loi actuel, modifiant et augmentant le droit qui est accordé à la veuve par la loi de 1854, donne à ce droit un caractère qui absorbe tous les autres, et qui peut durer pendant cinquante ans; et non-seulement ce droit a cette étendue, mais ce qui est beaucoup plus grave, il s'exerce et subsiste en dehors et au-dessus de toutes les conventions; c'est-à-dire que, par une règle qui n'a jamais été écrite, le pacte même sur lequel une famille vient reposer est détruit par l'autorité de la loi qui lui est supérieure, et vous introduisez ainsi dans la famille un principe de confusion et d'a-narchie. (Très-bien! c'est vrai!)

Quelle peut être la raison qui a décidé la commission à une pareille innovation? Certes, elle a été expliquée, à votre dernière séance, avec une éloquence trop saisissante pour que vous n'en soyez pas encore émus.

Nul mieux que l'honorable M. Jules Simon ne pouvait se faire l'interprète autorisé des droits de la femme, qui peut éternellement revendiquer la part que la législation lui dispute. Lorsque l'honorable M. Jules Simon vous a dit que le code a été injuste vis-à-vis d'elle, j'ai été heureux de constater que ces paroles, empreintes à la fois de noblesse et de vérité, trouvaient dans cette Chambre un unanime assentiment.

Non, messieurs, il ne saurait être vrai qu'on

puisse, ainsi que l'a fait le code civil, reléguer la femme à la suite de tous les héritiers, n'ayant rang qu'après le douzième degré, et placée dans une sorte de mitoyenneté humiliante avec le fisc, — comme s'il était indispensable de la faire venir auprès de lui, uniquement pour que la succession ne tombât pas en déshérence! (Très-bien! autour de l'orateur.)

Mais, messieurs, si ces vérités sont acceptées par un grand nombre d'esprits, si elles ont surtout la très-grande bonne fortune de ne pas rencontrer de contradicteurs sérieux dans cette assemblée, ah! c'est ici que je m'empare des réflexions si pleines de sens de l'honorable M. Paulmier.

Si, en effet, c'est là un principe, il faut avoir le courage de le proclamer. Il ne suffit pas de l'introduire subrepticement dans une loi de détail, qui deviendrait ainsi une disparate avec le droit commun. Je ne dirai pas qu'il faut faire entendre notre volonté souveraine : nous devons être plus modestes; mais je dirai qu'une assemblée s'honore, alors qu'elle fait usage de droits qui lui appartiennent. Nous parlons ici en face du pays, qui nous écoute et nous juge, et, de concert avec MM. les ministres, qui sont placés en face de nous sur ces bancs, nous sommes en réalité le gouvernement de la France. Eh bien, si nous sommes déshérités du droit d'initiative, au moins avons-nous toujours celui d'exprimer ce qui nous paraît être la vérité. Et lorsque cette vérité ne part pas seulement d'un banc de cette Chambre, mais quand son écho retentit sur tous les bancs, c'est une mise en demeure solennelle qui est adressée au gouvernement, et en présence de laquelle il ne peut demeurer inactif. (Mouvement.)

Eh bien, messieurs, il ressort de cette première observation qu'en effet nos lois civiles, sous ce rapport, appellent une réforme qu'il sera bon d'étudier, de présenter aux travaux de la Chambre. Toutes les observations qui ont été faites par l'honorable M. Jules Simon ne peuvent pas être justes en ce qui concerne la veuve d'un mari auteur, et ne pas l'être pour la veuve qui, de concert avec son mari, par sa collaboration a contribué à l'édifice de la fortune sous laquelle la famille entière viendra s'abriter.

Je demande pardon à la Chambre de cette digression, mais elle me semblait être si bien dans la nature des choses qu'il m'était impossible de ne pas la faire; et après tant de réserves qui ont été faites par des opinions qui ont une valeur plus académique que pratique, il me paraissait utile d'en faire une autre, non pas seulement pour une entité métaphysique, pour une question de scolastique, mais pour une question vivante, pour celle qui doit vous être la plus chère, pour nos mères, nos sœurs, nos filles, pour celles qui sont l'honneur du foyer, où elles apportent la grâce d'abord, puis l'économie et les soins pour tous. (Très-bien!) Il ne faut pas que l'on puisse dire que la femme est maltraitée par la législation française, et je ne me contente pas, permettez-moi ce dernier mot, de cette consolation par trop platonique qui a été donnée au défenseur de l'opinion que je soutiens par votre honorable rapporteur, qui a dit avec une sorte de mélancolie (Sourires) que les mœurs étaient plus parfaites que les lois.

Assurément ce n'est pas un compliment adressé à des législateurs, c'est une leçon. Je la prends pour telle ; mais je crois que, quand on reçoit une leçon méritée, la sagesse, c'est d'en profiter. (Rires approbatifs.)

Si donc je comprends la raison philosophique et morale qui a déterminé votre commission et qui a été si éloquemment exprimée par notre honorable collègue M. Jules Simon, je maintiens ma proposition, qui peut-être vous paraîtra trop étroite, et qui, cependant, est l'expression de ma pensée, que, malgré la justice d'une pareille réforme, le meilleur moyen de la faire accueillir, c'est de lui refuser accès dans la loi actuelle ; c'est de ne point, encore une fois, faire une exception qui ne saurait se justifier, car si le principe est bon, il doit être généralisé, et s'il n'a pas suffisamment de force, il ne faut pas l'admettre dans une loi spéciale.

Mais, messieurs, ce n'est là qu'un des côtés de la question, ou plutôt une considération préliminaire. Non-seulement votre projet de loi crée à la femme une situation particulière et tout à fait exceptionnelle ; il a la prétention, suivant moi, mal justifiée, de corriger la loi alors qu'il en laisse cependant subsister l'abus, mais

17.

encore, ainsi que je le disais il y a un instant, il donne à ce droit de la femme, très-respectable sans doute, une extension qui est inadmissible non-seulement au point de vue du principe, mais au point de vue de la pratique.

En effet, et sans que je m'explique de nouveau sur ce que la commission a cru devoir spécifier par ces mots : « La femme jouira des droits de son mari, » étant admis, ce que je crois avoir été dans la pensée de la commission, de donner à la femme les droits qu'avait le mari sur son œuvre, je me demande comment il est possible de lui attribuer ce droit au mépris de toute espèce de droits pareils, et surtout au mépris de toute convention.

La question est double ici, et nous avons à nous inquiéter d'abord de ce qui se passe entre la femme et les héritiers, puis nous avons à envisager ce qui se passera pour le règlement de la situation de la femme eu égard à son contrat de mariage.

En ce qui concerne les héritiers, voici un droit de cinquante ans qui plane sur l'héritage, c'est-à-dire qui l'absorbe. Voici une femme qui peut succéder jeune au droit utile de son mari. Vous n'avez établi aucune espèce de différence entre le premier et le second mariage, et vous avez bien fait, je ne vous adresse aucune espèce de critique à cet égard; mais enfin l'expérience est là pour vous apprendre que, lorsqu'un homme sur le retour songe à une seconde union, la plupart du temps, les règles de la prudence sont par lui mises en oubli. (On rit.) Ses cheveux blancs disparaissent à ses yeux; il ne se souvient plus que des ardeurs de sa jeunesse, et c'est vers une jeunesse aimante que son cœur va chercher la compagne destinée à lui fermer les yeux.

Cette femme, beaucoup plus jeune, peut lui succéder quelques années après le mariage.

Il ne faut pas faire de grands efforts d'imagination pour apercevoir... Que dis-je? il faut même, jusqu'à un certain point, la couvrir et la voiler, pour ne pas trop apercevoir la vraisemblance des hypothèses auxquelles je fais allusion et qui pourraient amener, à la place du mari, une femme pleine de santé et de jeunesse et comptant employer fort bien les cinquante ans que la loi lui donne. (On rit.)

Elle peut employer ces cinquante ans et user du droit qui appartient du chef de son mari. Elle peut, lassée de la dignité de son veuvage et n'ayant pas les vertus de fidélité que, par une puissance rétrospective que j'ai admirée, votre honorable rapporteur attribuait à Armande Béjart (Hilarité générale), contracter les liens d'un second mariage.

Eh bien, voilà une nouvelle situation, voilà une nouvelle famille, hostile peut-être non-seulement aux idées, mais à la personne du premier mari et à laquelle il faudrait supposer bien de l'héroïsme pour qu'elle lui fût complétement sympathique, la voilà substituée aux droits de l'auteur, et venant les exercer sans aucune garantie pour sa mémoire. Tandis que, dans le système de la loi de 1854, les enfants veillent toujours, le droit de la veuve est simplement un droit d'usufruit, et lorsque ce droit d'usufruit vient à s'éteindre, il s'ouvre encore une période trentenaire, pendant laquelle les héritiers du sang exerceront les droits de souveraineté.

Vous le voyez, ici tout se combine et s'harmonise : je ne vois pas les droits des héritiers du défunt compromis par l'absence, — et quelle absence? l'absence éternelle! — livrés à tous les hasards auxquels les condamne la loi actuelle.

Il y a donc déjà, dans cette situation, quelque chose de profondément anormal et qui vous avertit combien il est dangereux de s'écarter des principes salutaires du droit commun.

Mais j'y vois un autre inconvénient, et, en vérité, si l'on voulait bien regarder à cette loi, on aurait longtemps encore à retenir votre bienveillante attention. (Parlez! parlez!)

Dans le système de la loi de 1854, le droit de la veuve est purement viager : c'est un usufruit; mais si c'est un droit viager, s'il y a un *alea* contre la veuve, il y a aussi un *alea* en sa faveur. Tant que sa vie se prolongera, elle aura l'honneur et le profit de pouvoir se dire le successeur de son mari.

Dans la loi actuelle, vous avez voulu mieux faire. Je reconnais l'excellence de vos intentions, mais vous n'êtes pas infaillibles et vous pouvez vous tromper. Vous avez stipulé un délai préfixe de cinquante ans, et vous y avez enfermé tous les droits. Je vous ai montré que tous les droits des héritiers y périssaient; mais ceux de la veuve même s'en trouvent blessés.

Supposez, pour reprendre mon hypothèse, la femme d'un auteur demeurée veuve à vingt ou vingt-cinq ans. Vous me direz que cela n'est pas probable. Il se peut cependant que cela soit. Le législateur statue pour tous les cas et doit tout prévoir. Eh bien, supposez cette veuve de vingt-cinq ans. Son droit se prolongera pendant cinquante ans, et c'est au moment où elle aura le plus besoin de le voir confirmer, qu'il disparaîtra; elle en sera privée pour qu'il aille se confondre dans le domaine public.

M. Achille Jubinal. C'est une raison de plus en faveur de la perpétuité!

M. Jules Favre. Elle n'aura pas même la garantie de la famille qui l'entourera. Non, au moment où elle désirerait davantage tirer le produit utile de l'œuvre, elle sera condamnée à s'en passer.

C'est encore là une des conséquences de la loi, conséquences éloignées, je le veux, qui peuvent moins vous toucher que celle que j'avais l'honneur de vous indiquer, il y a un instant, mais

qui n'en sont pas moins dans la loi, et qui consacrent des injustices auxquelles vous ne voudrez
pas donner votre sanction.

Mais, après avoir investi la veuve de ce droit
absolu qui fait périr celui des héritiers du sang,
qui tout au moins le compromet de la manière
la plus grave, après avoir substitué à l'usufruit
de la loi de 1854 un droit de souveraineté qui,
en cas de second mariage, peut être désastreux
pour la mémoire et pour l'honneur de l'écrivain,
vous avez mieux fait et vous avez cette fois
dépassé toutes les bornes. Vous avez, vous,
législateurs, déchiré tous les contrats, vous avez
dit : Peu importe! la femme dotale, la femme
séparée de biens, doivent être assimilées à la
femme commune ; ce sont les mêmes principes,
l'application doit être la même.

En vérité, lorsque j'ai entendu un jurisconsulte
aussi autorisé que votre honorable rapporteur
tenir un semblable langage, je me suis demandé
si je n'aurais pas besoin d'aller à l'école pour y
apprendre ce que j'aurais oublié. Mais les grandes
lignes que je viens de tracer d'un mot, elles
contiennent en elles-mêmes des différences pro-

fondes touchant à la nature des choses, et qui expliquent à merveille comment les solutions qui s'y adaptent peuvent être aussi différentes.

C'était, messieurs, en s'élevant au-dessus de toute espèce de loi qu'on pouvait arriver à violer tous les contrats, à placer l'homme et la femme unis par le mariage dans une sorte de sphère idéale où tous les devoirs devaient être consacrés par la même rémunération. Mais il n'en est rien: la loi a précisément établi, non pas seulement la liberté dans les conventions matrimoniales, mais encore de certains types qu'elle trace à ceux qui doivent s'y conformer quand une fois ils les ont adoptés, et chacun de ces types contient une règle différente.

Ah! je suis très-disposé à reconnaître avec vous que le système de la communauté, système éminemment français et chrétien, devrait être le plus généralement adopté. Oui, c'est celui qui relève la femme, qui lui donne sa véritable dignité dans la maison; et précisément parce qu'elle en est l'âme et l'honneur, parce que c'est elle qui anime le mari au travail, qui le retient sur le bord de ce seuil où peut-être l'attendent des plaisirs illégitimes, et qui, avec sa grâce, avec celle de ses enfants, l'empêche de s'égarer, parce que c'est toujours le mot du poëte qu'il faut conserver : *Casta pudicitia servat domus !* parce qu'elle représente la vertu, la chasteté, la religion et la douceur, qu'on lui donne sa part dans l'œuvre dont la collaboration a été commune, nous y applaudissons tous.

Seulement, ce qu'il faut reconnaître, c'est que ce système peut n'être pas du goût des futurs, qu'ils peuvent en choisir un autre ; que lorsqu'ils ont choisi un autre système, ce système, pour me servir de l'expression juridique qui a été répétée par tous les jurisconsultes, devient la loi des parties, et c'est là ce que le rapporteur de la commission me paraît avoir complétement oublié. Les conventions qui sont la loi des parties, on ne s'en soucie pas : il y a au-dessus de ces conventions un droit commun dont on s'empare pour donner à la femme des avantages qu'elle ne devait pas obtenir.

Est-ce que vous croyez que ces systèmes différents, qui sont choisis par les familles, ne l'auraient pas été dans le but de l'intérêt de la femme ?

Je parle de la femme dotale. Mais, si la femme dotale a choisi ce régime ou si sa famille l'a choisi pour elle, c'est pour lui conserver sa fortune.

Nous en sommes encore, dans les discussions de ce genre, discussions malheureusement trop nombreuses, à répéter très-gravement qu'il est de l'intérêt de la république romaine, depuis longtemps évanouie, que je sache, de conserver la dot des femmes. Si c'est de l'intérêt de la république romaine, ce qui est possible, cela est certainement contraire à l'intérêt de la société française; et il eût été fort à désirer que les rédacteurs du code civil eussent eu le courage, en présence d'un système qui constitue l'aliénation de la liberté, de prévoir ce que la jurisprudence a tristement confirmé, c'est-à-dire les difficultés de toute nature, les ruses, les contrats dolosifs, les procès s'enchaînant aux procès qui viennent désoler la famille et souvent livrer au démon des affaires ce qui devait être le patrimoine des enfants. (Marques d'assentiment sur plusieurs bancs.)

Mais enfin ce qui est certain, c'est que la

liberté la plus entière existe et que nous n'avons pas le droit d'y porter atteinte ; c'est qu'alors qu'une famille s'est fondée sur le régime dotal ou sur le régime de la séparation de biens — auquel on ne pourra faire aucun des reproches que j'adressais tout à l'heure au régime dotal, puisqu'il est le système de la disponibilité par excellence, — il est tout à fait contraire aux principes, à la raison, à l'équité de dire que la femme qui est placée sous l'un ou sous l'autre de ces régimes doit être considérée comme la femme commune et jouir des mêmes droits.

Mais, s'il en est ainsi, à quoi bon bouleverser le droit civil ? La loi de 1854 l'avait respecté, et lorsque je consulte les paroles de votre honorable rapporteur et celles de notre honorable collègue M. Jubinal, je vois que dans la loi de 1854 tout avait été réservé.

Et, en effet, depuis la loi de 1854, d'assez nombreux arrêts ont été rendus sur la matière, et jamais il n'est venu à personne la pensée de placer la femme commune sur la même ligne que la femme dotale ou la femme séparée de biens.

Laissons donc à chaque famille la charte qu'elle s'est choisie. Que le législateur s'arrête devant le seuil de la maison avec respect, et que, sous prétexte de faire le bien, il n'aille pas imposer à ceux qui les repoussent des doctrines et des systèmes dont ils n'ont pas voulu.

Je sais bien qu'on peut me dire qu'à cet égard le mari auteur jouit d'une liberté complète, qu'il peut, alors que sa femme s'est mariée sous le régime dotal, sous le régime de la séparation de biens ou dans une autre hypothèse à laquelle on a fait allusion avec raison, c'est-à-dire dans le cas où sa femme est indigne de lui, qu'il peut user de la liberté de tester et disposer de cette souveraineté littéraire qui fait le fonds de sa propriété. Mais l'honorable M. Paulmier vous a répondu avec une grande justesse que c'est un recours suprême que le législateur doit toujours considérer comme une exception, par cette première raison qu'il vous faisait valoir que, pour beaucoup, le testament, c'est comme le mariage : ils y pensent toute leur vie et demeurent célibataires. (On rit.) Il y a de même beaucoup de gens qui pensent toute leur vie à faire leur testament et qui meurent *intestats*.

D'ailleurs est-ce à vous qu'il faut apprendre que la matière testament est un nid à embûches? Sans doute les formes sont simples, mais elles sont impérieuses, et pour en avoir oublié une, la volonté la mieux cimentée périt. Tout le monde sait l'aventure qui est venue atteindre la mémoire et les intentions dernières de cet illustre jurisconsulte qui avait passé sa vie à écrire sur les testaments, il était cité dans tous les tribunaux, et voulut, bien entendu, finir comme il avait vécu, en faisant un testament légal ; seulement il y glissa une grosse nullité, et, en vertu des principes qu'il enseignait depuis soixante ans, son testament fut frappé d'annulation. (On rit.)

Eh bien, messieurs, ce sont des mésaventures auxquelles certainement les hommes de lettres pourraient être aussi certainement exposés que Furgole, — car il s'agit de Furgole, et assurément son nom fait autorité en pareille matière, — et vous voyez dès lors que ce correctif du droit de tester n'est pas suffisant pour anéantir les dangers que fait naître cette dérogation au droit commun, et dont je pourrais faire une énumération plus longue, si je le voulais, car je suis bien loin d'avoir épuisé la matière; et avant de la quitter permettez-moi cependant de vous communiquer une réflexion qui m'a frappé, et qui, peut-être, sera du goût de quelques-uns : c'est qu'il y a dans la loi une innovation qui ne me paraît pas heureuse, celle-là messieurs, ne saurait être justifiée par les raisons si pleines de sensibilité vraie que nous entendions à la séance d'hier, dans le discours de l'honorable M. Jules Simon; c'est le droit nouveau qui appartient..., comment dirai-je? au mari consort, à l'époux d'une femme auteur (Sourires), quel que soit le régime sous lequel il est marié, quand même la femme serait dotale, quand même elle serait séparée de biens, et elle peut être aussi séparée de corps et de cœur. (Nouveaux sourires.) Le mari n'en viendrait pas moins — après de longues années écoulées dans une espèce de viduité qui ne ressemblerait pas du tout à la viduité fantastique d'Armande Béjart (On rit), — recueillir le fruit du génie de sa femme. Et vous verriez, messieurs, cet homme se faisant honneur en venant dire : ces œuvres qui ont peut-être été enfantées loin de moi, avec lesquelles, dans tous les cas, je n'ai rien de commun, je les accapare, et pendant cinquante années j'en pourrai disposer au grand détriment peut-être des volontés réelles de celle qui les a mises au monde sans moi. (Hilarité.)

Eh bien; je suis convaincu que c'est encore une disposition que vous n'accepterez pas; elle ne peut être justifiée par aucune espèce de raisons.

Laissons les choses dans le droit commun. Oui, si en effet un mari et une femme sont mariés sous le régime de la communauté, s'il arrive que la femme par la puissance de son esprit enrichisse la société conjugale, les fruits de son travail, qui ne sont qu'à elle, tomberont dans cette société, ses enfants en auront une moitié et le mari prendra l'autre moitié. Vous aurez l'application d'un principe du droit commun qui ne fait murmurer personne. Mais introduire cette nouveauté particulière d'un mari qui, comme le frelon planant au-dessus de la ruche, pour en recueillir le butin, peut, même quand sa femme s'est cuirassée dans la dotalité ou s'est sauvée dans le régime de la séparation de biens, profiter des fruits de son travail, c'est ce qui me semble offenser la conscience publique, et j'avoue que je ne donnerai jamais mon assentiment à une pareille disposition. (Assentiment sur plusieurs bancs.)

Mais puisque je touche au droit de tester, la Chambre m'en voudrait si je terminais sans avoir dit à cet égard tout ce que contient le projet de loi ; j'y vois une innovation bien dangereuse et qui mérite votre sérieux examen.

En effet, messieurs, on attribue à l'auteur la faculté de tester en faveur de qui bon lui semblera ; il peut dépouiller sa femme, il peut dépouiller ses enfants ; quelle a été sur ce point la préoccupation de la commission ? j'en cherche encore l'explication dans le discours, d'ailleurs si remarquable en tous points, de l'honorable président de la commission, c'est une vérité triviale que toutes les fois qu'on s'égare, on ne s'égare qu'à la poursuite d'un principe qui est vrai, qu'il faut toujours rechercher dans

une erreur qu'on condamne, la vérité qui a pu
y conduire. Eh bien, il y a, en effet, un principe
vrai qui a conduit votre commission à ce que je
considère comme une dérogation inacceptable,
et en tous cas comme un danger ; et ce principe,
vous allez le voir se relier d'une manière très-
exacte au principe que j'ai tout d'abord énoncé,
mais que j'ai écarté, sauf à en dire un mot en
terminant, si la Chambre m'y autorise.

Ainsi, il est parfaitement vrai que la commission et la Chambre sentent le besoin de
donner au droit de l'auteur toute sa puissance,
toute son inviolabilité ; il n'est personne .de
nous, messieurs, qui n'ait été frappé de cette
sorte de déchéance possible de la mémoire
d'un homme de génie condamné à subir le
contrôle et peut-être la mutilation de ses successeurs. C'est précisément ce qui faisait dire
à l'honorable M. Jules Simon qu'il y avait un
moyen de pourvoir à cette difficulté : c'était de
donner à l'auteur la faculté de mettre sa mémoire à l'abri sous la tendresse, la vigilance,
la loyauté de celui qui lui succéderait, même
en dehors de la famille.

18

J'adhère, messieurs, complétement à cette idée, je la trouve juste et féconde ; seulement elle vous prouve, ce qui va peut-être éclater à vos yeux dans un instant, qu'il y a ici deux choses distinctes que le législateur confond et qu'il devrait séparer : l'esprit et la matière, l'œuvre et le produit qu'on en peut tirer.

Ah! oui, l'esprit, la chose créée, cette essence immatérielle qui se dégage de l'auteur pour rayonner dans le monde entier, c'est son âme, son honneur, ses principes, sa religion qu'il protége, en faisant choix d'un ami qui pourra le défendre après sa mort, qui pourra retrancher ce qui doit disparaître comme indigne des regards de la postérité. Cela se comprend, et sé peut concilier avec la tendresse exquise que l'auteur, père de famille, porte à sa femme et à ses enfants. Seulement cette faculté, je voudrais qu'elle ne s'appliquât qu'à l'œuvre elle-même, et laissât le produit en dehors. Il me répugne profondément de voir que, si l'œuvre est productive, la famille tout entière puisse en être privée.

Cependant veut-on porter atteinte au principe de la réserve? Qu'on le dise. Tout à l'heure aussi, l'honorable baron de Veauce, que je regrette de ne pas voir à sa place, a dû tressaillir de joie, car c'est un premier pas dans la voie qu'il a cherché à ouvrir devant vous l'année dernière. (Mouvements divers.)

Mais vous savez, messieurs, quelle protestation éloquente et indignée s'est produite alors dans cette Chambre, au nom de la société française tout entière qui repose, dans son essence intime, sur le principe de la solidarité de la famille, d'après lequel le père ne peut s'enrichir sans que l'aisance se répande sur ses enfants, par ce principe qui fait que, de même que les arbrisseaux prospèrent à l'ombre d'un chêne majestueux qui les abrite de ses rameaux, de même toute une famille vit et s'élève par le travail et le génie d'un seul. (Très-bien! très-bien!)

Eh bien! veut-on que toutes ces choses soient modifiées? Veut-on que, au lieu du vote qui est émané de la Chambre tout entière dans la circonstance à laquelle je viens de faire allusion, veut-on, au lieu de ce vote que je pourrais appeler un vote de sentiment, obtenir sur ces mêmes choses un vote de réflexion après discussion approfondie? Qu'on mette la question à l'étude. Quant à moi, je ne m'y oppose en aucune façon; et je dirai que, pour triompher, la vérité n'a pas de meilleure chance que d'être discutée. C'est pour cela que Dieu a donné à l'homme l'intelligence et la parole; et quand celui-ci en fait usage avec bonne foi, il n'y a jamais pour lui qu'un grand avantage à se trouver vis-à-vis de ses semblables, et à communiquer ce qu'il sent et ce qu'il pense. (Très-bien! très-bien.)

Au contraire, messieurs, si on ne veut pas porter atteinte au principe de la réserve d'une manière générale, pourquoi l'atteindre par derrière, — pardonnez-moi cette expression, — dans une loi spéciale, là où les intérêts sont peut-être plus respectables qu'ailleurs? (Mouvement.)

J'ai tort, sans doute, de me servir de cette expression : « intérêts plus respectables; » mais enfin tout le monde est plein de tendresse pour les gens de lettres, pour ceux qui consument leur vie dans ce travail si souvent ingrat, qui leur procure des fruits si modestes...

Quelques membres. Pas toujours si modestes !

M. JULES FAVRE. Je ne veux pas, messieurs, faire allusion à certaines renommées excéptionnelles, qui, non-seulement, sont environnées de gloire, mais font pleuvoir l'or sur tout ce qui les entoure ; je veux rester dans la situation la plus ordinaire.

Eh bien, je suppose un homme qui consume sa vie dans un travail qui, vous me l'accorderez bien, messieurs, ne donne que bien rarement l'opulence... (C'est vrai ! c'est vrai !) Cet homme n'a ni meubles, ni valeurs industrielles ; le hasard l'a préservé des valeurs étrangères... (On rit.) Le voilà qui succombe sur ses manuscrits, et ses manuscrits ont une grande valeur, ils sont toute sa fortune : qu'est-ce qui niera que cette fortune ne soit la plus légitime du monde, et ne doive être protégée par la loi? Personne. Mais par quelle loi? Est-ce que nous aurons autant de lois que de fortunes à protéger? Est-ce que le miracle de la civilisation sera de nous découper sur un échiquier, afin de nous mettre à chacun une étiquette particulière ? Assurément non ! Personne ne le veut.

Si donc il s'agit d'une valeur créée, d'une valeur qui doit être respectée et protégée, il faut qu'elle soit réglée par le droit commun; et si elle est réglée par le droit commun, il faut qu'elle appartienne à la famille.

Toutes ces considérations, si éloquemment développées par l'honorable M. Jules Simon, je m'en empare à mon tour et je dis : mais qui donc est la cause efficiente du travail du père, si ce n'est le berceau où repose son enfant? N'est-ce pas en jetant les yeux sur cet être chéri qu'il a pris la force, de se détourner des mauvais sentiers, qu'il a senti son génie s'animer, et qu'il est arrivé à revêtir sa pensée de ces couleurs charmantes et à donner à ces idées ces formes dont la postérité sera jalouse?

Eh bien, voilà cet enfant qui sera privé du fruit du travail paternel; son père pourra en disposer.

Je ne veux rien exagérer, mais je parle devant des hommes qui comprennent tout, même sans qu'on le leur dise. (On rit.) La sagesse n'est pas du domaine humain, et les hommes de lettres ont beaucoup d'humain : ils sont d'imagination, ils

sont de passion ; ils peuvent être entraînés ;
nous le sommes tous assurément. Eh bien, la
loi a précisément pour objet de nous garantir
contre nos entraînements ; elle ne nous suppose
pas doués de force, elle nous protége contre nos
propres faiblesses ; ses dispositions sont comme
autant de digues qui contiennent nos passions
et nous fortifient par cela même qu'elles em-
pêchent leur débordemeut au dehors. Si vous
rompez l'écluse, vous ouvrez un passage à travers lequel les passions pourront sé précipiter,
et là où il était le plus nécessaire de maintenir
la règle, vous l'aurez complétement détruite.
Voilà des enfants qui peuvent être exposés à des
hasards d'existence que je n'ai pas besoin de
préciser, et peuvent être privés du seul patrimoine qui existât dans la maison de leur père
au moment de son décès.

Encore une fois, messieurs, est-ce que c'est
de la sagesse ? est-ce que je n'ai pas prouvé par
ce double exemple pris dans l'art. 1er, — et
sans m'en écarter, — combien il était périlleux
de dévier du droit chemin et d'abandonner les
principes généraux ? On ne le fait jamais impu-

nément, et ma conviction profonde, c'est que, dans cette loi, on n'aboutit à de pareils expédients que parce qu'on ne s'est pas rendu un compte suffisant du principe primordial duquel devaient découler toutes les règles accessoires, comme des conséquences naturelles que la logique commande.

Ce principe, c'était précisément celui de la propriété littéraire.

Je ne veux pas, à coup sûr, rentrer dans le débat; cependant, si la Chambre m'y autorise, je motiverai mon vote. (Parlez! parlez!)

Je sens à merveille qu'il serait imprudent et téméraire d'entreprendre, à cet égard, une discussion; mais je veux vous dire comment, suivant moi, les idées sur lesquelles la discussion s'est établie sont simples, claires; comment, au moins pour les jurisconsultes, elles apparaissent avec une netteté telle, que je m'étonne qu'elles aient pu un instant être obscurcies.

Pour tenir ce langage, messieurs, il me faut un courage duquel j'étais à l'avance déterminé à manquer... (Sourires), car je me rencontre en opposition avec un ami, et, je puis dire, avec un maître cher et vénéré, dont tous nous sommes si heureux d'entendre la parole éloquente et honnête; j'ai parlé de M. Marie. (Mouvement.)

Je rencontre encore, et avec des sentiments du même ordre, l'honorable M. Pelletan, l'honorable M. Jules Simon. Je voudrais, messieurs, être de leur avis. Je ne le puis : leurs discours sont de ceux qu'on peut admirer, qu'on ne peut pas égaler, mais qui ont trop d'importance pour qu'on n'y réponde pas. (Marques d'assentiment.)

Je me permettrai de dire un mot, mais un seul mot; encore une fois, je ne veux pas abuser de votre bonté. (Parlez! parlez!) Mais il me semble qu'il y a un très-grand intérêt, si cela est possible, à ce que cette idée fondamentale soit bien éclaircie.

J'étais entré à la séance d'avant-hier avec cette opinion, et elle s'est beaucoup fortifiée par ce que j'y ai entendu : c'est que la vérité ne doit pas être montrée aux hommes alors qu'on veut la leur retirer.

C'est les humilier et les aigrir que de leur dire : Voici un principe constant, mais nous ne vous l'accordons pas en entier, nous ne con-

sentons à vous en octroyer la moitié qu'à titre
de concession. Parler ainsi, c'est autoriser le
langage si pittoresque que vous a fait entendre,
à la dernière séance, l'honorable M. Jubinal,
dont les déclarations ont été claires et précises :
— nous faisons l'œuvre d'un jour ! c'est une
étape. que notre loi ! le principe de la propriété,
c'est la Vénétie ! En sorte que nous sommes
l'Autriche (Hilarité), et que notre honorable
rapporteur, sans s'en douter, alors qu'il a écrit
son travail si remarquable, était précisément le
contrefacteur du maréchal Benedeck. (Nouvelle
hilarité.)

Eh bien, ces idées, il faut les combattre, car
elles font leur chemin ; et s'il était vrai que, en
effet, le droit de propriété fût un principe refusé
par la Chambre, soyez sûrs que votre loi contien-
drait en elle un germe qui lui serait fatal. Si la
vérité peut être utile, il faut qu'elle le soit, surtout dans une matière où paraître la déguiser
serait offenser des susceptibilités qui ne passent
pas pour être toujours parfaitement traitables.
Il est donc bien important de savoir si, en effet,
la loi que vous discutez repose sur un principe

de propriété ou si ce principe est différent.

Notre honorable collègue M. Marie disait qu'il ne voulait pas remonter à l'origine de la propriété, qu'il ne la recherchait pas ; cependant il la recherchait, puisqu'il affirmait en même temps, que l'origine de la propriété c'était le travail.

J'aurais beaucoup à dire. L'histoire et la pratique à la main, je pourrais réfuter ou plutôt compléter une pareille opinion, et prouver que, si le travail est en effet l'une des sources les plus légitimes, les plus respectables de la propriété, certainement ce n'est pas la seule. Aussi notre honorable collègue a-t-il eu parfaitement raison d'écarter tout ce que cette discussion aurait pu présenter de théorique, et d'aller droit au but, en disant : la propriété ayant pour origine le travail, il ne peut y avoir de propriété plus légitime que le travail le plus noble, celui qui est le moins contestable, le travail de la pensée.

Je lui demande la permission de compléter son argumentation en m'arrêtant un instant et d'un mot sur l'essence même, non pas sur l'origine, mais sur l'essence même de ce droit qu'il prétend attribuer au fruit du travail, lorsque ce travail est la pensée. C'est bien là, si je ne me trompe, la question. Or, quelle est l'essence du droit de propriété? C'est la souveraineté de l'homme sur sa chose, et cette souveraineté se présente avec ce caractère, qu'elle est absolue, qu'elle est réelle et qu'elle est impersonnelle.

Elle est absolue, car le droit de propriété, tous les jurisconsultes le disent, c'est un droit de vie et de mort. Il est parfaitement représenté par la fable de l'oiseau que l'impie tient à la main au pied de la statue d'Apollon, auquel il adresse une question assez captieuse pour un dieu, car c'était un dieu dans ce temps, si l'on en croit Phèdre. L'oiseau est-il mort ou est-il vivant? Il appartenait à l'impie de trancher l'une ou l'autre de ces questions.

Voilà le droit de propriété tel qu'il appartient au propriétaire.

Le droit de propriété est donc un droit absolu, mais, en même temps, c'est un droit réel, s'appliquant à la chose et s'y circonscrivant, ne la dépassant pas; car, s'il la dépasse, il rencontre le droit d'autrui, et là cesse le droit du propriétaire.

Voilà donc le caractère de cette souveraineté; elle est absolue, elle est réelle. J'ajoute, messieurs, qu'elle est impersonnelle, précisément parce qu'elle peut être exercée par plusieurs personnes successivement, parce qu'elle se transmet, et j'admirai, messieurs, quand j'entendais l'éloquente harangue de mon honorable ami M. Marie, comment il est possible que les mêmes arguments se présentent à différents esprits, et conduisent à des conclusions tout à fait opposées. Il vous parlait, dans son magnifique langage, de la permanence et de la gloire du génie d'Homère; il vous le montrait planant sur l'humanité tout entière, et il y opposait la destruction de tous les droits éphémères des propriétaires qui s'étaient succédé tour à tour. Oui, sans doute, on ne peut pas savoir quel est le champ *ubi Troja fuit,* s'il a été accompagné des scènes que l'histoire n'a pas retenues. L'homme y a marqué sa trace, mais sa trace passagère. Tous, tant que nous sommes, les plus riches, les plus comblés de ce monde, eh bien, que sommes-nous sur cette terre, si ce n'est ses usufruitiers? A peine laissons-nous une trace, pendant quelques années, au foyer que nous avons occupé. Celui qui nous succède, il jouit des mêmes droits, il est propriétaire au même titre; cette maison que nous avons élevée, ces plantations qui ont crû sous nos yeux, et auxquelles sont toutes nos affections, il va tout détruire. Il le peut, parce que nous lui avons transmis notre droit, parce que ce droit ne repose pas sur notre personne, parce qu'il est attaché à la chose, il va de main en main. Et c'est là précisément ce que l'honorable M. Marie me paraît n'avoir pas aperçu, et ce qui m'a frappé.

Oui, ce droit sur la chose est impersonnel, il doit disparaître; il a disparu. Les siècles l'ont emporté dans leur torrent, sans même que soient arrivés jusqu'à la troisième génération les noms de ces propriétaires qui ont tour à tour occupé le sol. Mais, à côté d'eux, il est resté une mémoire, un flambeau, un génie, précisément parce que ce génie était personnel; et vous voulez que les créations de ce genre puissent être comparées à ces créations éphémères que l'homme va élever sur le sol qu'il parcourt, pour bientôt y être englouti? Évidemment, il y a là une différence sensible et qui vient non pas d'un jeu de l'imagination, mais de l'essence et de la nature même des choses; car ce droit, que je rappelle encore, ce droit de souveraineté, absolu, ce droit réel, ce droit impersonnel, il est impossible de le retrouver avec ce caractère essentiel, aussitôt qu'au lieu d'objets matériels, au lieu du champ, au lieu du tableau, de la statue, nous sommes en face de l'œuvre de la pensée immortelle; ici, messieurs, ce sont de tout autres conditions et ce devront être d'autres règles; ici, encore, j'ai le droit de dire à mon honorable et vénéré contradicteur que, si le travail enfante la propriété, on peut concevoir le travail qui n'a plus un tel but, qui lui est supérieur, et assurément, messieurs, ce n'est pas le moins noble, le moins profitable à l'humanité.

Le prêtre dans sa chaire, au milieu des fidèles, le professeur qui fait descendre sur ses auditeurs le pain de sa parole, et nous-mêmes quand ici, remplissant notre mandat, nous cherchons à exprimer notre pensée, nous créons, nous créons dans le sens absolu du mot. Est-ce que vous croyez que c'est l'acquisition de la propriété qui peut être le mobile des différentes personnes dont je viens de parler et auxquelles je fais allusion? Évidemment non; souvent même, le travail a ce caractère, qu'il repousse l'acquisition de la propriété, que l'acquisition de la propriété lui serait odieuse, qu'elle le dénaturerait, qu'elle le dégraderait. (Mouvement d'adhésion.)

Vous voyez donc qu'on peut concevoir le travail sans la propriété : et certes, messieurs, si nous nous interrogeons nous-mêmes, si nous nous demandons quelle est la loi suprême à laquelle nous obéissons dans l'expansion de notre être, comment et par quel mystère la vérité qui est en nous s'en échappe, comment, alors que nous avons le bonheur de la concevoir et de la pouvoir produire, il semble que nous soyons comme un vase exquis laissant déborder au dehors la liqueur dont il est plein (Vive approbation et applaudissements), prétendre qu'il y ait dans cet acte souverain de la pensée quoi que ce soit qui ressemble à l'œuvre de l'artisan ou du cultivateur, c'est évidemment avilir l'âme humaine. (Mouvement prolongé.)

Ah! je le comprends à merveille, que ce sou-

verain créateur reçoive sa récompense, rien de
mieux ; l'admiration des hommes de son temps
et de la postérité peut ne pas suffire, toute
espèce de profit légitime lui appartient, et non-
seulement cette rémunération, mais encore cette
souveraineté absolue dont je parlais tout à l'heure,
ah ! oui, je la retrouve dans la relation de l'œuvre
créée et de son créateur ; pas toujours ; car lorsque le travail a été tellement épuré que toute
préoccupation de lucre a été étrangère à la
pensée du travailleur, il est certain, messieurs,
qu'il ne peut pas même exercer les droits dont
je parle ; mais je me place dans le cas le plus
ordinaire ; et, dans ce cas le plus ordinaire, avec
la conscience humaine tout entière, je concède
au créateur la rémunération qui est la conséquence de son œuvre, mais à lui seul, entendez
bien, parce que c'est lui seul qui est le souverain
propriétaire. La pensée sort de mon esprit, elle
traverse mon cœur, elle prend une forme sensible ; que ce ne soient pas seulement les sténo-
graphes qui la reproduisent ; qu'il y ait, je suppose, une sorte de photographie magique qui
puisse à l'instant même la rendre présente aux

19.

quatre coins de l'univers; alors même, je puis encore la reprendre avec son expression matérielle, je puis l'anéantir. J'en dispose, et ce droit souverain qui tout à l'heure m'apparaissait comme le droit de la propriété, je le reconnais à l'auteur, je le reconnais au nom de ce principe sacré qu'invoquait avec tant de bonheur et d'autorité l'honorable M. Jules Simon; je le reconnais au nom de la vérité, au nom de la conscience. Si l'auteur s'est trompé, son erreur doit être désavouée; si l'ardeur de sa jeunesse a conduit sa plume sur un papier où ont été tracés des sujets frivoles ou des scènes regrettables, il peut vouloir les faire disparaître, il peut ne pas vouloir que ses enfants aient à répondre de ses erreurs. Mais ce droit de propriété s'éteint avec lui, et le jour où son âme immortelle, émanée de Dieu, retourne à Dieu, je ne reconnais à personne le droit de mettre la main sur le produit qui en est sorti. (Sensation marquée.)

Ah! j'en conviens, le droit civil va plus loin; il suppose que des affections peuvent encore entourer la mémoire de l'auteur, que ces affections peuvent la protéger. Quelquefois elles la menacent; je ne critique pas ces choses, mais ce que vous reconnaîtrez avec moi, c'est qu'il y a ici une concession de la loi, c'est que nous ne sommes plus dans la pureté des principes; c'est que ce n'est pas un droit de propriété semblable à celui que j'analysais tout à l'heure, vis-à-vis duquel nous sommes : c'est un droit d'une nature toute particulière, et qui, après la mort de l'auteur, devient autant un droit social qu'un droit personnel à l'auteur. (Très-bien! très-bien!)

S'il en est ainsi, messieurs, et si j'ai démontré, comme je crois l'avoir fait, d'une manière irréfrégable qu'il n'y a pas de droit semblable; que, d'un côté, est un droit qui ne saurait périr, un droit qui est transmis de main en main, dont la perpétuité et la succession planant au-dessus du monde matériel en fait le principe, la force, la grandeur et la prospérité, il faut dire qu'il y a d'un autre côté un droit qui périt dans la personne, pour laisser subsister l'œuvre dans son immortalité; et, par une singulière compensation de la Providence, au moment où l'homme descend dans la tombe, son âme s'en échappe, elle va partout, elle est accueillie avec les douleurs, avec les affections, avec les grandeurs et même avec les défaillances qui l'ont assaillie pendant sa vie. Le voilà qui se perpétue, mais il se perpétue à la condition d'être respecté, c'est-à-dire à la condition que sa personnalité devienne inviolable.

Eh bien! notre honorable collègue M. Jules Simon émettait, à la dernière séance, des doutes qui, très-certainement, vous ont émus.

Oui, messieurs, il importe non pas seulement à la mémoire de l'auteur, mais à la société tout entière, que sa pensée soit préservée d'altération. Or, quel est le meilleur système pour arriver à ce but désirable? C'est tout d'abord, et je suis le premier à y souscrire, de l'entourer de ceux qui l'ont connu, qui l'ont aimé, qui continuent encore ses traditions, qui viennent le protéger contre les attaques que souvent les insulteurs ne ménagent pas même aux tombes. Mais lorsque ces mains pieuses auront été glacées, quand la mort aura fait disparaître ces protecteurs vigilants et sacrés, qui, je vous le demande, défendra l'auteur mieux que la moralité et la conscience publiques?... (Vif assentiment.)

Oui, c'est devant ce grand tribunal qu'il aura voulu et dont il a appelé le jugement, qu'il trou--vera la protection; c'est le tribunal qui le défendra contre des attaques indignes, et s'il arrivait qu'un audacieux osât les lui infliger, à l'instant même tous les honnêtes gens se lèveraient pour le flétrir. (Très-bien! très-bien!)

Voilà, messieurs, comment, ce me semble, doit se comprendre la sauvegarde qu'il est nécessaire de donner aux droits de la pensée. Il les faut tout entiers avec leur inviolabilité, avec leur pureté.

Mais, pour que cette sauvegarde soit entière, l'œuvre écrite pour la société doit retourner à la société, quand l'homme et ceux qui le représentent encore dans ce monde passager ont disparu, et prétendre faire de ce droit une propriété ordinaire, c'est évidemment se tromper. Pour moi, quand je me tourne vers le passé; quand j'évoque tous les bienfaiteurs de l'humanité, tous les grands génies qui l'ont honorée et éclairée, quand je découvre ces chœurs immortels qui viennent jusqu'à nous pour déposer des couronnes sur des fronts que nous connaissons et que nous admirons, ah! je reconnais dans ses sublimes élans l'âme humaine tout entière, avec tout ce qui la compose, avec ses grandeurs, avec ses faiblesses, avec tout ce qu'elle a souffert, avec tout ce qu'elle a aimé; je m'y instruis, je m'y éclaire; mais ce que je ne voudrais pas souffrir, c'est que ce droit immortel fût emprisonné dans les mesquines combinaisons de la propriété industrielle. Non, messieurs, il faut le rendre à la société tout entière, en sorte qu'il puisse lui-même déployer ses ailes dans le champ de l'infini, qui est son véritable domaine. (Très-bien! très-bien! — Applaudissements prolongés. — L'orateur est félicité par un très-grand nombre de ses collègues.)

(La séance est suspendue pendant un quart d'heure; elle est reprise à 5 heures moins dix minutes.)

FIN.

TABLE

PARIS. — IMPRIMERIE DE J. CLAYE, RUE SAINT-BENOÎT, 7.

www.ingramcontent.com/pod-product-compliance
Lightning Source LLC
Chambersburg PA
CBHW071549030726
47593CB00001BA/92